GOBOOKS
& SITAK
GROUP©

BREAK

to be new and different

打開一本書

打破思考的框架，

打破想像的極限

# 關於人生，我們需要思考的是……：

## 自我提問的刻意練習，活出人生最好的狀態

費勇　著

# 序　在問題中覺悟

我年輕的時候，有一段時間陷入苦悶，對社會上的各種現象感到失望，甚至憤怒，但又無能為力。對自己未來到底想要做什麼，也覺得茫然。有一段時間，我瘋狂地閱讀，瘋狂地思考人生問題，卻又不知道真正的問題在哪裡。

好像讀得越多，想得越多，我的思緒就越加混亂。直到有一天，因為要寫一篇主題為「禪宗與現代詩」的論文，我找到《六祖壇經》來讀，讀到這一段：「時有二僧論風幡義，一曰風動，一曰幡動，議論不已。惠能進曰：『不是風動，不是幡動，仁者心動。』我才有豁然開朗的感覺，知道了我要在哪個地方下功夫，知道了真正的問題在哪裡。

**風沒有動，幡也沒有動，是你的心在動。**

這句話很簡單，一下子把我們的關注點拉回到「心」這個原點，同時又指明外界的一切「動」，來源於「心」在動，說明「心」是一個源泉，是一個驅動。

這句話給了我深刻的啟發——**不要把注意力過多地聚焦在外部世界的問題上，而要聚焦在自己的內心**；不要在「什麼是生活的意義？」這樣的問題上鑽牛角尖，而要更多地觀察自己的內心，弄清楚自己的內心想要什麼樣的生活；不要在「什麼樣的工作是有前途的？」或「要不要出國留學？」這樣的問題上去耗費精神，而要先弄清楚「自己到底想要做一個什麼樣的人？」；不要在「為什麼她不愛我了？」或「為什麼這個壞人居然賺到了錢？」這樣的問題上去糾結，而要更常思考「到底什麼是愛？」或「怎麼讓自己過得心安理得？」

**一旦找到真正的問題和必須解決的問題，問題本身會帶著你前行，帶著你一步**

**一步找到解決的方法。**

**風沒有動，幡也沒有動，是你的心在動。**

這句話引導我不斷地把外在的問題轉化為內在的問題。這個轉化的過程，也讓我越來越明白「心」是如何動的。「心」不是一個空洞的概念，而是一個可以讓我們去修行的方向，也是一個可以讓我們不斷去練習的運作架構。「心」不是一個固定的東西，也不是一個主宰性的絕對權威，而是一種在不斷變化的運作。

所謂回到內心，意思是首先你要安靜下來，不要在外在的對象上找來找去，要回到「身心」這個基本範疇，去觀察你的眼睛、鼻子、耳朵、舌頭、身體和意識不斷和外界產生關係後發生的變化，觀察你的情緒是如何產生的，問題是如何產生的，觀念是如何產生的，選擇是如何產生的，行為是如何產生的。在這樣的觀察當中，你會越來越了解因果法則，會越來越接近真相，越來越接近「心」的本源，越來越成為一個有覺悟的人。

**風沒有動，幡也沒有動，是你的心在動。**

用現在的話來說，就是心智。**回到內心，其實就是一種心智練習。**

什麼是心智呢？心理學家史迪芬．平克（Steven Pinker）認為：「心智是一個由若干計算器官所組成的系統，它是我們的祖先在解決生存問題的進程中『自然選擇』出來的，心智不是大腦，而是大腦所做的事情，人是心智進化的產物，而不是剃光了毛的裸猿。」

同樣是心理學家的史考特．派克（M. Scott Peck）認為：「心智成長是一條少有人走的路，這是因為大多數的人不願面對、有意迴避這個棘手的難題，自欺欺人地認為自己沒有問題。心智是人生一切苦難、情緒、人格、幸福、成功、自由的生命之源。如果逃避心智的問題，外部的成功和自以為的幸福都是短暫易逝的。不解決心智的問題，人就無法獲得心靈的自由，苦難和悲劇就成為注定：因為人的生命終究是有限的。」

歷史學家哈拉瑞（Yuval Harari）把心智問題看作今天世界性的人類議題，科技越發展，心智問題就越重要。他認為：「科學之所以很難解開心智的奧祕，很大程度上是因為缺少有效的工具，包括科學家在內，許多人把心智和大腦混為一談，但兩者其實非常不同。大腦是神經元、突觸和生化物組成的實體網路組織，心智則是痛苦、愉快、愛和憤怒等主觀體驗的流動。生物學家認為是大腦產生了心智，但到目前為止，我們仍然無法解釋心智是如何從大腦裡出現的。」哈拉瑞進一步推論，關於心智，很大程度上只能靠個體自己的觀察，只有自己最清楚自己的心智。冥想是最有效、最簡單的工具。而我們只有透過心智，才能真正了解自己。

生活在這個世界上，我們總在面對各式各樣的問題，但人之所以為人，正是因為可以透過心智思考問題，在對問題的探索中，我們不一定能夠找到答案，但對於問題的探索，總是能為我們打開新的出口。同時，真正的問題，總是能讓我們看清生活的真相，看清世間的真相，看清自己的本來面貌。更重要的是，透過心智，可以提出問題，尤其是找到人生的關鍵問題，**自己設定自己人生的方向，過自己想過的生活**。

**這本書的目的，是想化繁爲簡，爲複雜的人生找出一個頭緒來**。這個頭緒是什麼呢？我會用五個部分一步一步揭示人生的問題所在。

**第一部分是現實**。人的一生，有學習的必要，有工作的必要，有婚姻的必要；人的一生，是財富積聚的過程，也是一個走向死亡的過程；人的一生，總是受到時代的影響，也總是受到道德原則的制約。學習、工作、婚姻、財富、時代、善惡、死亡，構成了一個現實的系統。

**第二部分是願望**。人的一生，之所以不斷努力，是因為有願望。我們總是希望快樂，與快樂相關的是幸福、健康。我們也總是希望取得成功，總是渴望自由，內心也總是有對愛的期待。

**第三部分是思維**。每一個人對事情的看法都不太一樣，每一個人做事的風格也不太一樣。這是由不同的思維方式決定的。因果思維，影響我們看到事物之間如何產生關聯；事實思維，影響我們如何透過現象看到本質；解決思維，影響我們如何解決問題；取捨思維，影響我們如何選擇；「破圈」思維，影響我們如何突破自己的局限。

**第四部分是心理**。每一個人都離不開心理活動。我們總是會有各式各樣的感覺，總是會產生各式各樣的欲望，總是因為欲望的牽引有了各式各樣的目標，因為目標是否實現而產生了各式各樣的情緒。為了平衡欲望和情緒，我們開始尋找意義，並在這個過程中覺知到更深刻的東西，叫作天理，因此會有敬畏感，會有融入無限性的廣闊感。

**第五部分是動力**。不管宇宙有多麼大，不管世界有多麼大，其實都離不開我們的身心。外在世界的一切都是身心的投射。想一想，假如沒有身體和心智，這個世界會怎麼樣呢？想一想，我們生活中的一切，每時每刻，都離不開身心的運作。身心構成了一個人生動力系統，卻常常被我們忽視。假如回到身心這個系統，就會發現很多問題的本質是什麼，就會發現人生的動力在哪裡。這個系統由五個硬體和三個軟體所組成：視覺、聽覺、嗅覺、味覺、觸覺、意識、自我、超覺，讓身心好像一台電腦那樣在運轉。

在我看來，人的一生，每時每刻都處在這五個部分裡，形成彼此連結的互動系統，如果我們把這五個部分的系統運作規律弄清楚了，就能把握好我們的人生。

**本書的最後一部分是問答**。這裡彙整了一些我對於讀者或聽眾提問的回答，這些問題涉及現實生活艱難的一面。我非常感謝提問者，因為這些問題帶給了我啟發，讓我這個長期在書齋裡的人，對現實生活有了感性的理解。更重要的是，這些問題提醒我們，在現實生活裡，再複雜深奧的理論，也很難解決具體而複雜的問題，所以我們不僅需要思考，更需要任何時候都保持覺知。

—目錄—

## 第六章：人生解惑包

# —目錄—

# 第一章：現實

內心的熱愛，也許只是一份理想，也許只是一個小小的愛好，也許只是一種好奇心，也許只是一種堅持……這些微不足道的東西，卻賦予生活無窮的意義和樂趣。如果我們放棄對於內心這份熱愛的追逐和守護，我們的生活也就隨之枯萎了。

# 寫在前面

有七個關鍵字基本上涵蓋了人的一生所遇到的現實。第一個是學習，學習是一個人之所以能夠成長的基礎動力，這涉及教育、自我成長等問題；第二個是工作，工作是一個人獲得社會身分的主要途徑，這涉及謀生、人際關係等問題；第三個是婚姻，婚姻是一個人獲得親密關係的主要途徑，這涉及性、愛情、子女、父母等問題；第四個是財富，財富是一個人在世俗意義上最想要獲得的東西，這涉及金錢、商業、名利等問題；第五個是時代，時代是一個人所處的社會時期，這涉及環境、體制等問題；第六個是善惡，善惡是一個人必須面對的道德原則；第七個是死亡，死亡是一個人最後要面對的必然結局，這涉及到健康、信仰等問題。

# 01／學習：我為什麼要學習？

## 什麼是學習？

《論語》中的第一句話揭示了「學習」的內涵。這句話是這樣的：「學而時習之，不亦說乎？」在早期漢語裡，「學習」的「學」字和「教育」的「教」字的涵義是相通。周朝時，金文裡「學」字的字形，是房子裡有一個小孩，意思是孩子獲得知識的場所。後來，「學」字有接受教育的意思，凡誦讀練習都是「學」。「習」這個漢字，在商代甲骨文裡，字形很像一隻鳥在太陽下飛行，大概意思是鳥在練習飛行，又有反覆練習而變得熟悉的意思，最後又引申為習慣。關於「學而時習之」中「時習」的場景，有三種說法。第一種說法是，古人在不同的年紀要學習不同的內容，比如六歲學習識字，七、八歲學習簡單的禮節，十歲學習寫字和計算，十三歲學習歌舞等等。第二種說法是，不同的季節學習不同的技藝，比如春夏兩季學習詩歌和音樂，秋冬兩季學習經典、禮儀、射擊、打獵。第三種說法是，在不同的時間做不同的事情，比如一天當中，有讀書的時間，有複習的時間，有遊玩的時間，有討論的時間。

「學而時習之，不亦說乎？」的意思是人應該日復一日、年復一年地持續學習，這樣才會獲得內在的充實與內心的快樂。也就是說，學習是一輩子的事情，也是一件讓人不斷成長的事情。這是孔子講的學習的本質。

古希臘哲學家蘇格拉底（Socrates）則從另外一個角度闡釋人應該終身學習的道理，他把學習看成是人這一生必須做的事情。蘇格拉底遇見一個年輕人，年輕人問他：「怎樣才能獲得知識？」蘇格拉底沒有回答，而是把他帶到了海邊，讓他走進海裡，直到海水淹過他的頭，年輕人一下子就憋不住氣，馬上把頭探出了水面。蘇格拉底問他：「你在水裡最需要的是什麼？」年輕人說：「空氣，需要呼吸新鮮的空氣，否則我就要憋死了。」蘇格拉底笑了一下：「你現在知道該如何獲得知識了嗎？當你需要知識就像是在水底需要空氣時，你準能得到它。」

在蘇格拉底看來，我們應該像需要空氣那樣去學習，知識是人作為人不可或缺的元素，學習是人不可或缺的日常行為，不僅是為了照顧好自己的身體，也是為了滋養自己的靈魂。所以，我們需要終身學習。

那麼，學習什麼呢？中國古代有「六藝」的說法，一個人要成為君子，必須學習六個範疇的知識和技能。第一是禮，懂得各種禮節和禮儀；第二是樂，懂得音樂；第三是射，懂得射箭；第四是御，懂得駕車的技術，引申為駕馭、統籌；第四是書，懂得文字，也就是識字，還會書寫；第五是數，懂得計算。也有一種說法，六藝指的是，學習六種經典：《易》、《書》、《詩》、《禮》、《樂》、《春秋》。

古希臘則有「七藝」的說法，認為自由的人應該具備的學識有七種，分別是文法、修辭、邏輯、算術、幾何、天文和音樂。前三門為初級學科，稱「三學」（trivium），後四門為高級學科，稱「四術」（quadrivium）。

另外，還有一些獨特的參照系，可以讓我們從多方面理解「學習是什麼」。第一個參照系，按照所學的性質，無非兩大類，一是道，二是術。道的層面，相當於智慧、思維方式、認知等；術的層面，相當於狹義的知識，比如專業知識、技藝、具體的生活能力等。第二個參照系，按照教育的方式來分類，也無非兩類，即從學校教育學到的知識，以及從學校之外的教育學到的知識。學校之外的教育包括家庭教育和社會教育。第三個參照系，按照傳播的方式，也無非兩種，第一種是以圖書為媒介的學習，第二種是以互聯網和智慧型手機為媒介的學習（瀏覽）。

當今社會，科技的發展日新月異，互聯網、人工智慧，大大促進社會生產力的發展，對各行各業產生巨大的影響，學習的內涵也隨之發生變化。今時今日，我們應該學習什麼呢？**第一，孔子和蘇格拉底講的「終身學習」變得異常重要，一個不能終身學習的人，注定會被淘汰；第二，道的層面，非學校教育的學習變得越來越重要，也就是說，自我學習能力變得越來越重要，這幾乎是決定你能否過好這一生的必要條件之一；第三，碎片化的傳播使得系統的圖書閱讀變得越來越重要。**

投資人納瓦爾．拉維肯（Naval Ravikant）有一段話講得很透澈：「致富最好的技能是成為終身學習者，無論想學什麼，你都得找到途徑和方法。以前賺錢的模式是讀四年大學，拿到學位，在某個專業領域待三十年。現在不一樣了，時代日新月異，必須在九個月內掌握一門新專業，而這專業四年後就過時了。但在專業存在的這三年裡，你可以變得很富有。……最好的工作與委任或學位無關。最好的工作是終身學習者在自由市場中的創造性表達。……每天花一小時閱讀科學、數學和哲學類書籍，七年內，你可能躋身少數的成功人士之列。……人和人的區別不是受過教育和沒有受過教育，而是喜歡閱讀和不喜歡閱讀。」

關於「學習什麼」，哈拉瑞有一個忠告：「無論你現在讀什麼科系，這些專業知識都很快會過時，所以，你真正要學習的，是自我提升的能力，以及面對變化的心理承受能力。」

歸納起來，今天我們要學習的，無非是四個層面的內容。**第一是技能層面**，比如富有創意的寫作技能，在今天變得十分重要；再比如，每當一種新的科技出現，越快掌握這種科技的技能，就能獲得更多的機會。**第二是知識層面**，比如掌握關於人工智慧的知識。**第三是審美層面**，擁有一定的審美能力可以讓生活變得更有詩意，而且它在高科技的領域中，常常是一種可貴的資源。透過對文學藝術的學習，我們可以提高自身的審美能力。**第四個是思維層面**，這是最根本的層面，決定了你的價值觀和生活方式，透過哲學領域的學習，可以提升思維認知。

那麼，個人該如何學習呢？基本上來說，無非透過以下四種途徑：

**一、向經典學習。**凡是穿越了千年時間以上的經典作品，尤其值得我們反覆學習，其中一定蘊藏著人類最初和最終的智慧。學習經典，是最划得來的一件事。當你茫然的時候，不要急著去找別人傾訴，或者尋求別人的意見，不如先安靜下來，好好地讀一本經典，比如《論語》或《道德經》等，在閱讀中，你會漸漸發現你內心的聲音。

**二、向大自然學習。**為什麼要向大自然學習？著名出版人、《連線》（*Wired*）雜誌主編凱文．凱利（Kevin Kelly）在《釋控》（*Out of Control*）中說：「人類在創造複雜機械的過程裡，一次又一次地回歸自然去尋求指引。因此自然絕不只是一個儲量豐富的生物學基因庫，為我們保存了一些尚未面世、能夠救治未來疾患的藥物。自然還是一個文化基因庫，是一個創意工廠。叢林中的每一個蟻丘中，都隱藏著鮮活的、後工業時代的壯麗藍圖。那些飛鳥鳴蟲，那些奇花異草，還有那些從這些生命中汲取能量的原始人類文明，都值得我們去呵護——不為別的，就為那些它們所蘊含著的後現代隱喻。對新生物文明來說，摧毀一片草原，毀掉的不僅是一個生物基因庫，還毀掉了一座蘊藏著各種啟示、洞見和新生物文明模型的寶藏。」

**三、向生活學習**。日常生活裡的各種事情，無不暗藏著各種預兆和玄機。假如我們帶著思考去觀察，那麼，在每天的日常生活中，在各種人際關係裡，在各種需要解決的問題裡，我們就可以學到很多真切的東西。

**四、向科技學習**。今天科技對全人類的影響已經超出了政治和經濟所帶來的影響。不是政治和經濟影響科技，而是科技影響著政治和經濟。只要回顧一下智慧型手機產生後，我們身邊方方面面迅速發生的變化，就足以領會科技創新的意義，也足以明白我們今天對於新科技的了解和學習有多麼重要。

這是四種基本的學習途徑和方向。當然，「如何學習」這個問題還牽涉到具體的學習方法，有哪些具體的學習方法值得我們借鑑呢？工程學教授芭芭拉·歐克莉

（Barbara Oakley）在《大腦喜歡這樣學》（*A Mind for Numbers*）一書中提出了七個學習方法的要點：

**一、大腦的可塑性：**歐克莉強調了大腦的可塑性，即大腦具有改變和適應的能力。她提醒讀者，任何人都有可能藉由正確的學習方法改善自己的能力，無論過去是否有學習困難或認知障礙。

**二、費曼技巧：**歐克莉介紹了費曼學習法，「用輸出倒逼輸入」，即透過將所學的知識用簡單明瞭的語言解釋給別人來加深自己的理解。這種方法迫使學習者以更簡單和直觀的方式思考，從而加深對知識的理解。納瓦爾也特別推薦費曼的這種方法，就是一定要用自己的語言，簡練地把自己學到的東西介紹給別人。這樣一來，才能真正掌握和運用自己學到的東西。

**三、刻意練習：**歐克莉強調了刻意練習的重要性。她提醒讀者，只有透過持續和有針對性的練習，才能真正掌握新的技能或知識。她提供了一些刻意練習的技巧和策略，幫助讀者更有效率地學習。刻意練習，也說明真正的學習是讓自己離開舒適圈去挑戰一些有難度的事情。這對於個人成長非常重要。

**四、克服拖延症：**歐克莉詳細討論了拖延症對學習的負面影響，並提供了一些應對拖延症的方法。她建議讀者採用「番茄工作法」等時間管理技巧，將學習時間分割成短暫的工作段，以提高專注力和效率。

**五、多元智能：**歐克莉指出每個人在不同領域都具有不同的智慧和天賦。她鼓勵讀者發現自己的優勢，並利用這些優勢來學習和解決問題。她提供了一些方法來發現和發展自己的多元智能，例如嘗試不同的學習方式和培養興趣愛好。

**六、培養好奇心：**歐克莉認為好奇心是學習的關鍵。她鼓勵讀者保持好奇心，勇於提問和探索未知領域。她認為，培養好奇心有助於增加學習的動力和樂趣，並且能激發創造性思維，提升解決問題的能力。

**七、睡眠與學習：**歐克莉指出充足的睡眠對學習和記憶至關重要。她解釋了睡眠對大腦功能和學習過程的影響，並提供了一些改善睡眠品質的建議，例如建立規律的睡眠時間和創造良好的睡眠環境。

關於學習方法以及學習內容，還可以展開很多討論，但假如不和另外一個問題緊密相連，那麼這些討論往往不過是理論的探討，有學術意義，但對於個人成長並沒有實質幫助。另外一個問題就是：我為什麼要學習？

## 我為什麼要學習？

當我們思考「我為什麼要學習」時，才算抓到了學習的真諦；當我們思考「我為什麼要學習」時，其實是在規劃自己的人生，釐清自己對於如何度過這一生的想法，因此，對於這個問題回答，決定了你人生的厚度和方向。如果你的回答是為了文憑而學習，那麼，你的人生基本上就被框定在某個行業、某種職業，甚至被框定在某間公司。如果你的回答是為了好奇心而學習，那麼，你的人生就充滿了各種可能性。「我為什麼要學習？」是一個必須由你自己回答的問題，沒有人能夠幫你回答。但無論如何，人生的開端，往往從「我為什麼要學習？」開始。

# 02／工作：如何找到自己內心的熱愛？

## 工作到底是什麼？

什麼是工作呢？漢語裡的「工作」一詞，最早據說出現在《後漢書》裡，是勞動的意思，延展開來，還有工程、操作、做事、製作等意思，另外還有一個重要的意思是職業。

漢語裡「職業」的「職」字，《說文解字》裡解釋為「記微也」，就是記住細微的事物，引申為職責、職位等，意思是你在某一個職位上，就有職責記住一些東西。「職業」的「業」字，《說文解字》裡解釋為「大板」，就是建造牆壁時使用的夾板，引申為次序、創始、事業、職業等。「職」字突出一個人在社會中所處位置的高低和所擔當角色的大小，而「業」字包含著對工作類型的區分，指的是「行業」。

在英語中，早期的工作（werken）一詞，有提供服務的意思。而德語中的工作（arbeit）也有辛勞、痛苦的涵義。英語中的「job」是一個很常見的詞，和我們漢語中「工作」的意思差不多，指一般的做事、工作。英語中的「profession」也是工作，但指的是專業技能，而且這個詞原來的意思是在大眾面前宣揚、宣誓自己的信仰和世界觀。「vocation」也是指工作，這個詞拉丁詞源是「召喚」，還有一個詞「career」也有職業的涵義，同時有生涯的涵義。

今天我們一說到工作，想到的就是上班，就是朝九晚五。這種工作模式以及相關的職業概念，起源於工業革命之後。一八一七年八月，烏托邦社會主義者、現代人事管理之父羅伯特·歐文（Robert Owen）喊出了「八小時工作，八小時休閒，八小時休息」的口號，提倡「八小時工作制」。一八八〇年代以後，全世界大多數人的生活，基本上都遵循這種模式。

無論什麼時代，工作都涉及僱傭關係、報酬等問題，同時，工作意味著被限制，被限制在某一段時間內、某一個組織中，每天做同樣的事情。所以，工作給人的感覺往往是壓抑的，很多人厭惡工作，但又離不開工作。當我們對工作感到厭倦時，應該問一下自己：為什麼要工作？最常見的回答是：為了生計，養活自己，養活家人。如果工作只是為了謀生，那麼不如直截了當地問自己如何謀生。

## 我用什麼方法解決謀生的問題？

當你思考用什方法謀生的時候，你會發現，如果我們把謀生理解成溫飽，那麼，謀生就很簡單，你很容易找到一份事情做，哪怕是乞討、撿垃圾，都可以養活自己。顯然我們理解的謀生不是這個意思，那麼，究竟是什麼意思呢？文明社會所謂的謀生，不只是為了解決溫飽，還要獲得社會地位，獲得自我價值。由此可見，工作不只是為了解決溫飽的謀生，還是為了獲得具有社會地位的一份事業。那麼，不如直截了當地問自己如何獲得社會的認可。

## 我如何獲得社會的認可？

當你思考用什麼方法獲得社會認可的時候，你會發現，如果我們把社會認可理解成獲得尊重，實現自我價值，那麼，這比解決溫飽困難許多。

工業革命之後，大多數國家的民眾想獲得社會認可，就必須遵循相似的競爭之路，這種競爭甚至從幼兒園就已經開始了，然後延伸到小學，小學畢業後必須進入好的國中，才有可能進入好的高中，接著才有可能進入好的大學，然後才有可能找到好的工作。工作之後，就是為了業績和晉升奔波，不斷地賺錢，然後，買車、買房，假期去度假，讓孩子進入名校，為了這些開銷，不敢生病，不敢請假，不敢得罪上司，然後，就老了。這大概是現代人工作的一生。

文明社會的基本特點，就是每一個人必須工作，透過工作，人們解決謀生的問題，也要解決社會歸屬感和自我價值實現的問題。最低目的是解決溫飽，最高目的是實現自己的理想。工作是必須的，你無法逃避。因為無法逃避，工作帶來許多心理問題，而工作和個人興趣或價值觀的矛盾無處不在。

習慣性的工作模式，讓人喪失了一種認知，就是對工作本身目的的認知。**工作確實是必須的，但人應該透過工作成爲自己，而不是成爲工具。這才是工作的眞正目的。**另外，習慣性的工作模式，也讓人喪失了對工作內涵和形式的覺知，**工作確實是無法逃避的，但具體的工作環境，人是可以選擇的**，尤其是工作的內涵和形式一直在改變，這為個人的選擇帶來了巨大的機會。如果沒有意識到這樣的機會，我們就錯過了這個時代饋贈給每一個人的最好的禮物。

工作是必須的，但什麼是工作，是可以不斷地被重新定義的。我們可以進一步詢問自己：**什麼樣的工作能讓我們感到有意義？**

這個問題至少有三個意義，第一個意義，提醒我們回到工作的根本目的，是要讓自己的每一天活得有意義；第二個意義，提醒我們去思考，現在所從事的工作、行業，在不久的將來會不會消失；第三個意義，提醒我們身邊已經不知不覺出現了很多新的工作方式。比如，一個人不用出門上班，在家裡就可以完成從前需要一個團隊才能完成的工作；工業革命以來形成的那種「工作就意味著一輩子依賴某個機構（公司／單位），一輩子依賴某種體制」的觀念，是不是已經過時了？

凱文．凱利在《5000天後的世界》（*The Next 5000 Days*）裡討論人工智慧技術的發展為人類社會帶來的變化，書中第一章分析的就是工作的變化。他首先提到，第三大平臺已經出現。第一大平臺，是互聯網，第二大平臺，是社群媒體，第三大平臺，是利用人工智慧和演算法，「將現實世界全部數位化的鏡像世界」。我們可以回顧一下，互聯網的出現帶來了怎樣的衝擊？哪一些行業消失了？社群媒體的發達，為個人帶來了怎樣的機會？有多少人藉此開啟了新的工作模式？社群媒體時代，個人的社會角色變得多元，時間變得越來越能由自己控制，一個公司的財務，可以在網路上直播帶貨，也可以去開共享計程車。在凱文・凱利看來，**「選擇越多，人們就越容易找到自己眞正感興趣的、擅長的工作，也越來越容易獲得幸福」，「因爲科技提供了更多選擇，所以，越來越多人找到最適合自己的事情。」**

正在到來的鏡像世界平臺，在工作上帶給個人的衝擊將是顛覆性的。凱文・凱利特別提到，在鏡像世界平臺，幾百萬人可以一起工作，但不需要辦公室，也不需要公司這樣的組織。前所未有的全新工作方式正在出現，「自由職業者會越來越多」，是時候重新定義工作了。

那麼，對於個人而言，在人工智慧時代如何選擇工作呢？凱文・凱利沒有展開論述。不過，有一位記者在採訪伊隆．馬斯克（Elon Musk）的時候，問了一個問題，馬斯克沉吟了好一會兒，才慢慢回答：「還是聽從自己的內心吧。」

對此，有人會認為是老生常談，但在我看來，這是唯一的答案，也是面對人工智慧以及前所未有的不確定性唯一的出路。歸根究柢，關於工作引起的所有問題，如果我們想從根本上去解決，那麼，對於個人而言，真正的出路只有一個：**聽從自己的內心**。聽從自己內心的什麼呢？我姑且用「熱愛」來表示。因此，真正的問題是如何找到自己內心的熱愛。

## 如何找到自己內心的熱愛？

一旦你找到自己內心的熱愛，那麼，工作的問題就不是什麼問題；如果你找不到內心的熱愛，那麼，無論你做什麼，都無所謂，無論你做什麼，都會遇到問題。

回想起我自己的經歷，也許可以從側面討論到底什麼是自己的熱愛。

從小學開始，我就喜歡語文，喜歡閱讀經典，喜歡寫作，因此大學時我毫不猶豫報考了中文系。但在中文系，我發現學的東西大多對於寫作沒有什麼幫助，而對於經典作品的解讀，中文系的那一套理論又太僵化。

幸好，那個年代大學的管理相對鬆散，我有大量的時間泡在圖書館，閱讀各種我喜歡的經典作品和其他感興趣的書籍，最瘋狂的時候，我每天借一本書。我一直夢想著能夠把全部時間用來閱讀和寫作。但問題是，如果這樣的話，我要如何養活自己呢？

於是，我報考了研究所。我的想法是研究所畢業後去大學當老師，那時大學老師很自由，因此可以兼顧寫作。但很快地，大學的考核越來越多，讓我感到困擾。這段期間我也做過媒體的工作，最後選擇了辭職。辭職之後，寫作確實成了我的日常，同時，我也做過書店相關的工作。

寫作和閱讀經典，是我從小時候到現在一直堅持的事情。但寫作和閱讀經典，對我來說並不是業餘的興趣愛好，因為業餘的興趣愛好只是為了快樂，比如散步、游泳、烹飪、打牌等，都曾經是我的愛好，但我從未想過這些愛好能夠養活我。但寫作不是，寫作不僅是愛好，同時又是我希望能夠養活自己的手段。不過，有很長一段時間，我沒有辦法靠寫作養活自己，所以我去做了老師，後來又去做了媒體相關的工作，這兩個職業相當於英文裡的「job」，就是一份工作，一種僱傭關係，以報酬來衡量自己的貢獻。同時，這種職業身分也讓我獲得了一定的社會名聲，擁有了自己的事業，相當於英文裡的「career」。

但寫作對於我來說，顯然不是一個「job」，也不是一個「career」，因為即使沒有報酬，我也會發自內心地喜歡寫作，即使得不到別人的認可，我也會堅持寫作，也許這更像是英文裡的「vocation」，是一種召喚，一種來自上天或內心的召喚，沒有人逼迫，而是自己情不自禁地去做這件事。當我不得不用「job」養活自己的時候，這個「vocation」幫助我緩解了工作的壓力，而且讓我總是看到這個世界隱祕的美。當我辭職之後，寫作和閱讀成了我生活的全部，既有「job」的作用，也有「career」的作用。現在我的感覺是，我的生活是全然一體的，我每天都很忙碌，並不覺得自己是在工作，更不覺得痛苦，只感到時間的飛逝，我應當在每一個當下把想做的事情做好。

寫作和閱讀經典，為什麼不是業餘愛好，也不是職業或事業，而是熱愛呢？因為我自己對生活的期待，對自我的期許，對世界的理解，還有好奇心，都融入了寫作和閱讀經典作品的過程之中。這個，就是所謂的熱愛吧。如果沒有這種熱愛，我覺得很難度過曾經遇到的艱難時刻，也不可能在五十歲的時候，徹底離開在別人看來很成功的事業圈子，辭職，一切重新開始。

前幾天，我有一個學生又辭職了，他問我現在哪個行業有發展前途。我說我不知道。因為他問的這個問題，相當容易把他引入誤區：找一個外界看來有發展前景的行業，然後在那個行業裡找到工作，找到自己的歸宿。這個邏輯聽起來好像很合理，卻會把人帶入歧途。

前幾年大家都看好「大健康」行業，我那個學生就去了一個做「大健康」的公司，更早之前，大家都說新媒體很有前途，他就去了新媒體公司。他不斷地在「被大家看好」的行業裡漂泊。但所謂「好的」和「有前景的」行業，其實很難判斷。即使是當下被權威經濟學家看好的行業，十年後也可能變得不景氣。而且，即使真的是好行業，對你來說也不一定適合。

所以，我對那位學生說，不要再急於找一個好的行業，不要關心現在什麼行業有前途，不要關心未來什麼行業有前途，**我們最應該關心的是自己想成爲什麼樣的人，關心自己內心那種讓你充滿力量的熱愛。**

不要妄想著從外部找答案，比如去祈禱神靈的加持、去找好的行情……試試看，從自己的內心找答案，然後再延伸到外部，找到最適合自己的工作，這樣會不會容易一些？這樣會不會安定一些？

**如果你有愛好，那麼，不要輕易放棄你的愛好。堅持你的愛好，這是找到自己內心熱愛的第一步，也是你嘗試著能夠掌握這個世界的第一步。從堅持你的愛好開始，你會慢慢發現，一切都在你的掌握之中，從而找到讓你一生安定下來的那種熱愛。**

也許，你不一定一下子就能夠找到和興趣高度一致的工作，但是你可以保持內心的那一份熱愛，在業餘時間保持你的愛好。有一件事曾在社群媒體上廣為流傳：二〇一八年世界盃足球賽，首次踢進世界盃的冰島隊，隊員們幾乎都是「兼職球員」，本身還有其他正職工作，比如說，門將是導演，教練是牙醫……冰島隊讓很多人看見了工作之外的更多可能性。

在一個訪談中，隊長說他從小就熱愛足球。他說，在冰島，無論對於足球有多麼熱愛，都很難成為一個職業球員。然而，這種熱愛還是讓他打破了很多的不可能。最後，就像我們看到的那樣，他們站在了足球的世界舞臺上。

如果你內心沒有一份熱愛，跳再多的槽，跳來跳去還是被困在人生的監獄裡；如果你內心擁有一份熱愛，即使一輩子在同一間公司，一輩子做著同一種工作，你也能在工作中散發光芒，也能把人生的監獄變成無垠的天空。

**內心的熱愛，也許只是一份理想，也許只是一個小小的愛好，也許只是一種好奇心，也許只是一種堅持……這些微不足道的東西，卻賦予了生活無窮的意義和樂趣。如果我們放棄了對內心這份熱愛的追逐和守護，生活也就隨之枯萎了。**

# 03／婚姻：我願意承擔多少責任？

婚姻的「婚」字，本義指女子出嫁到男人家，它是由一個「女」字和黃昏的「昏」字組成的，一種說法是古時女子出嫁要在黃昏時進行，這是遠古搶婚的遺風。「姻」字的意思，按照《說文解字》，就是「女之所因」，相當於女子的丈夫家。婚姻，是雙方締結的一種關係，同時也是一種社會制度。

婚姻關係包含了兩個層面，第一，作為性別意義上的男人與女人；第二，作為社會角色意義上的男人和女人。人類之所以需要婚姻，無非三種原因，一是感情，為了愛情而結婚；二是經濟，為了經濟上的考量而結婚；三是子女，即為了繁衍後代而結婚。對於這三種因素，遠古時代的排序是經濟、子女、愛情；中古時代的排序是子女、經濟、愛情；現代社會的排序是愛情、經濟、子女。當然，這只是大概的排序，由於每個人具體的情況不同，排序也會有所不同，現代社會也有把經濟或子女排在第一位的。

一般的倫理觀念，都認同愛情的結局應該是婚姻，而婚姻連結了愛情和家庭。所以，婚姻的問題包含了愛情的問題、婚姻本身的問題，以及子女教育、親子關係等問題。

關於愛情，幾乎所有人都說要尋找愛，一輩子都在尋找愛，但是絕大多數人找到的，只是滿足身體和社會需要的對象，適合兩性生活，適合婚姻，就是沒有愛。因為他們雖然在尋找愛，卻不知道愛是什麼，要麼把性當成了愛，要麼把婚姻當成了愛。

## 如何追求愛情？如何讓愛情天長地久？

愛情是人與人之間的強烈吸引，它最大的特點是沒有什麼道理，就像《雅歌》裡說的，來了，誰也擋不住。相愛是不需要學習的。因為當愛來了，即使兩個人相隔千山萬水，總能奇妙地邂逅。愛的時候，所有矛盾都消失了，無論對方做什麼，另一方都覺得好。

在我看來，愛情像靈感，可遇不可求。你無須去經營愛情，因為愛情像陽光，本身就是光明。然而，你也未必有辦法讓愛情天長地久。愛情來了，誰也擋不住，去了，誰也留不住。

所以我們應該關注的問題，不是如何去追求愛情，也不是費盡心思去讓愛情天長地久，而是去學習如何面對愛的無常，學習如何面對分手、好聚好散；學習如何面對愛情中的嫉妒和占有欲；弄清楚什麼是愛。哲學家克里希那穆提

（Krishnamurti）說：「一般人只知道快感和痛苦，哪裡知道愛是什麼。如果是愛，怎麼會有占有、嫉妒？如果是愛，怎麼會焦躁、不安？」

人們在尋找愛，卻總是順著感官和社會的需求，找到了情人，或者婚姻，以為那就是愛。然後，在情欲與婚姻的關係裡，演出了無數面目各異而劇情相同的悲喜劇。總是從最初的瘋狂到漸漸地平淡、厭倦，最後走向新的尋找。

社會教我們許多東西，比如，如何去吸引他人？如何娶或嫁一個好伴侶？諸如此類。唯獨沒有教的是，**什麼是愛？如何去愛？**因此，人們總是在尋找愛，但其實找到的是欲望，或者，是那個符合條件的對象。

到底什麼是愛呢？古代漢字「愛」的寫法，由一個「旡」的古字和「心」的古字構成，象形上，是一個人張著口，用手撫摸著心，好像張開口告訴別人自己心裡的喜歡。說明愛是發自內心的，這是愛的基礎意義。另一種說法是，「旡」就是打嗝，打嗝意味著呼吸的中斷，好像我們遇到喜歡的人會突然心跳加速、緊張。

愛情其實很簡單，就是人與人之間一種奇妙的吸引。但是，愛情也很複雜，相愛的甜蜜總是很快被痛苦的折磨所取代。為什麼會這樣呢？一位智者用一個比喻講出了深層的原因，他說很多人所謂的愛，就像有人說「我愛魚」一樣，但這個人真的愛魚嗎？不是的，他愛的是魚的美味，是魚滿足了他的食欲。這大概就是很多人的愛，所愛的對象不過是滿足自己欲望的工具。

我們普遍把「愛」當作了名詞，但「愛」更應該是一個動詞。有一個人問教育家史蒂芬．柯維（Stephen R. Covey）：「要是我不愛我太太了，怎麼辦？」柯維回答：「那你就去愛她吧。」那個人繼續說：「你沒有聽懂我的問題，我問的是假如我不愛我太太了，怎麼辦？」柯維說：「不是我沒有聽懂你的問題，而是你沒有聽懂我的回答，我是說，如果你不愛她了，那你就去愛她吧。」

另一種誤區是，我們心中有一個完美的愛人，並且把這個人投射到現實中的對象身上，沉浸在幻覺裡，一旦覺得對方不符合期待，就要求對方得為自己改變，變得完美。

我們希望得到對方的愛，卻很少想到自己能夠給予對方什麼樣的愛。當我們說愛什麼人，其實往往愛的是自己的情欲、征服欲，還有完美的幻覺。這引發了一系列的問題。我們真正需要問自己的是：**我如何去愛？也就是說，我應該有愛的能力**。假如我們不能回答這個問題，那麼，即使進入婚姻，也會危機重重。

在我看來，婚姻的核心，是把愛情轉化為親情，是責任的承擔，在婚姻關係裡，主要考慮的是承擔什麼樣的責任，真正的問題只有一個：**作爲一個伴侶，我願意並且能夠承擔什麼樣的責任？**

得過諾貝爾獎的物理學家理查．費曼（Richard Feynman），年輕的時候和一個叫阿琳（Arline Greenbaum）的女子戀愛。阿琳得了肺結核，在那個年代，肺結核等於絕症，而且會傳染。因此，費曼的母親建議兒子和阿琳保持訂婚狀態就好。

但是，費曼還是決定和阿琳結婚。他寫了一封信給母親，詳細回答了之所以要結婚的理由，他說他請教了醫生，知道了肺結核在什麼樣的情況下會傳染，還請教了醫生關於肺結核病人是否能夠結婚的問題，然後他說：「我要和阿琳結婚，因為我愛她，也就是說，我要照顧她。事情就是這麼簡單。我愛她，我要照顧她。我顧慮的事情是為了照顧心愛的人，到底有多重的責任，有什麼不確定的因素。」

費曼給出的理由總結來看就是，他愛阿琳，而且想照顧她，所以他必須和阿琳結婚。愛是自然的激情，但照顧是責任。因為是責任，所以費曼在信裡仔細地向母親分析了假如他和阿琳結婚會不會影響自己的工作，如果阿琳需要治療他能不能負擔醫藥費等問題。把這些帳算清楚後，他還設想了最壞的情況：「這裡所提到的數字，只是一種猜測。但我願意賭一賭。我認為我會賺到足夠的錢。如果辦不到，我也知道自己會很慘，但我認了。」

他分析自己「為什麼要結婚」和所謂「高貴的情感」無關。而且，他很清楚自己「對這個世界還有別的期望與目標」，並不是只有愛情，只有阿琳。「我要貢獻全部心力，為物理學付出。這件事在我心中的分量，甚至超過我對阿琳的愛。」

費曼覺得這兩件事沒有什麼衝突，可以同時做得很好，所以他決定和阿琳結婚。解釋完這些之後，他擔心他母親不理解，還加了一個附註，又特別強調了自己也很明白自己的婚姻是一場冒險，有可能讓他陷入各種困境。儘管如此，他在對未來的反覆推演裡，還是覺得更多的是喜悅。最後，他又希望母親幫助他再想想自己還沒有想到的困難。

一九四二年，費曼和阿琳結婚。愛情只要體驗，婚姻需要經營。「我愛她，我要照顧她。」費曼的決定，一方面是愛的激情，另一方面是責任的考量。**戀愛，是談出來的，所以叫談戀愛；婚姻，是過出來的，所以叫過日子。從戀愛到婚姻，有微妙而深刻的變化。**舉個簡單的例子，戀愛時對方一天打十幾通電話，你覺得很甜蜜，結婚後打幾通電話，你可能就覺得很煩。婚姻把彼此拉回到現實，彼此的確也要回到現實裡，共同面對平淡而漫長的日常生活。這時候，兩個人都回到一種社會關係裡，開始真正的生活。這需要一個轉換，需要你們從情人關係轉化為夥伴關係，再轉換為契約關係。這就是婚姻的真相。

厭惡婚姻的作家毛姆（William Maugham），在《月亮與六便士》（*The Moon and Sixpence*）裡，用不經意的筆觸寫了一個人物：布魯諾船長。這個船長，讓婚姻這件事有了點亮色。布魯諾出生在法國布列塔尼，年輕時候當過海軍。退役後結了婚，過起了平淡而幸福的日子。但一場意外讓他一夜之間身無分文。他和妻子不願意在自己的家鄉過苦日子，就遠走太平洋群島，尋找生存之地。終於在一個很小的島上創出一片自己的天地，有了女兒和兒子。

「當然了，在我們那個小島上，日子可以說比較平淡。我們離開文明社會非常遙遠——你可以想像一下，就是到大溪地一趟，在路上也要走四天，但我們過得很幸福，世界上只有少數人最終能達到自己的理想。我們的生活很單純、很簡樸。我們並不野心勃勃，如果說我們也有驕傲的話，那是因為想到透過雙手獲得的勞動成果時的驕傲。我們對別人既不嫉妒，也不懷恨。有人認為勞動的幸福是句空話，對我來說可不是這樣的。我深深地感到這句話的重要意義。我是個很幸福的人。

幸福的婚姻，就是兩個人一起勞動。我的妻子不只是我貼心的朋友，還是我的好助手，不只是賢妻，還是良母，我真是配不上她。」

布魯諾船長又加了一句：「如果沒有另外一個因素，我們是什麼也做不成的。什麼因素呢？對上帝的信仰。要是不相信上帝我們早就迷途了。」

布魯諾船長在小說只有短短幾頁的篇幅，但他的故事展現了婚姻長久的可能性：**共同爲了理想與信仰而奮鬥，兩個人既是伴侶也是夥伴。**

從本質上來說，男女關係不過是一種緣分，緣分盡了，就各自珍重。有緣就走到盡頭。不必刻意，不必妄求天長地久。更不必看到別人分開了，就說不相信愛情了。你信不信，愛都在；**婚姻不過是一種形式，愛是更深遠的東西。**

婚姻帶來了家庭，形成了親子關係。家庭會引發兩個常見的問題，一個是父母對於子女的影響，另一個是子女的教育問題。前一個問題，哲學家伯特蘭．羅素（Bertrand Russell）講過一段話：「現在的事實是，父母和孩子的關係，十有八九成為了雙方的不幸之源，至少在百分之九十九的情況下是其中一方的不幸之源。家庭沒能給予原則上能夠給予的快樂和安慰，是導致我們這個時代普遍不滿的深層原因之一。」

關於子女的教育，是父母最焦慮的問題。該如何教育孩子呢？哪種教育方法才能讓孩子成才呢？一些年輕父母經常會提出這樣的問題。市面上也經常有很多講解如何培養孩子的暢銷書，還有一些培訓班，宣傳說只要採用某種方法，就能讓孩子成長，能考上好大學。如何教育孩子？這個問題會讓我們去思考各種教育方法，但危險的是，這種思維方式常常會讓我們陷入兩個誤區，一是以為有一種靈丹妙藥式的教育方法，只要用了這種方法孩子就能成才，而忘了兒孫自有兒孫命，有些事情無法強求；二是以為這是一種標準的教育方法，但如果我們總是要求孩子去做什麼，孩子就會很抵觸。這兩個誤區帶來的就是「望子成龍焦慮症」。

也許，與其苦苦追問如何教育孩子，不如換一個問題：**我自己如何做父親？我自己如何做母親？**

作為父母，我們有撫養孩子的責任，作為孩子的法律監護人，我們有規範孩子行為的責任。我們會盡可能提供孩子較好的生活環境和教育環境，要求孩子遵守社會規範，比如必須遵守交通規則、必須排隊等。至於他能夠走到多遠，取得什麼樣的成績，就是他自己的事了。

父母最應該幫助孩子的，是盡到自己的責任，為孩子的教育創造盡可能好的條件，找到最利於他成長的環境，用魯迅的話說，父母應當有這樣的擔當，就是「肩住黑暗的閘門，放他們到光明的地方去」。至於他能不能走出去，走出去以後怎麼樣，不用操心。盡到了自己的責任，在盡責的過程完成了對於孩子的愛，就不用再操心什麼了。

當我們把問題聚焦在「我如何做一個父親或一個母親」，放下對孩子的要求，也放下對孩子的期待，反過來要求自己，期待自己時，父親或母親的角色帶給我們的就是自己生命的成長，也能讓自己徹底從望子成龍的焦慮中走出來。

如果說工作串聯起來的，是人的社會關係，那麼婚姻串聯起來的，就是人的親密關係。在親密關係中，真正的問題只有三個：**什麼是愛？如何去愛？我願意承擔多少責任？**

## 04／財富：如何成為財富創造者？

財富的「財」字是一個形聲字，它由才華的「才」字和貝殼的「貝」字組成。貝殼在古代被用來作為貨幣，也就是金錢。「才」是讀音，但理解成才華、才能，也蠻有意思。財富的財，就是金錢加才能。財富的富，是富有的富。古代漢字中的「富」字，《說文解字》解釋為「備」，「備」的象形字，下方是方形的箭袋，上方是一支箭頭朝下的箭，箭頭伸入袋中，意思是裝箭的工具。後來出現了另一種字形，旁邊加了一個「人」字，像是人背著箭袋，從而衍生出新的涵義，有準備、預備的意思，之後又引申出完備、一個都不缺的意思。

今天，「財富」這個詞被賦予了很多意義，綜合起來看，指的是個人擁有的有價值的事物，從金錢到房子、地位、名譽，都可以說是財富。個人的品德、才華、社會關係，也是財富。在世俗社會裡，財富幾乎是衡量一個人是否成功的最主要因素。學習、工作，都是為了財富，婚姻也和財富緊密相關。「財富」這個詞，意味著我們一生有兩個基本動作，第一個是去獲得，獲得有價值的東西，第二個是守住，守住有價值的東西。一般人的生活，好像就是這麼兩個目的，獲得更多的東西，守住擁有的東西。

毫無疑問，金錢是構成財富最主要的元素。一個人的成長，先是學習，然後工作，工作獲得報酬，有了金錢，用金錢購買房子和車子等，開始了財富的累積，在財富累積過程裡，有了家庭，有了孩子，有了社會地位。這大概就是大部分人的一生。金錢是一個開端和基礎。文明社會，沒有金錢，寸步難行。只有擁有一定的金錢，才能養家活口，很多其他問題，也可以用金錢解決。但是，金錢並不能買到一切，比如金錢買不到愛情，也買不到尊嚴。

同時，金錢引發了廣泛的焦慮。如何賺錢？為什麼有了工作，還是覺得錢不夠花？這是很多人在問的問題。一個簡單的原因是，消費主義為大眾構建了一個美好人生的藍圖，一定要有汽車，一定要有房子，一定要去度假，一定要讓孩子讀名校，才算是美好的生活，才算是成功的人生。一般人的薪資收入總是達不到社會定義的那種成功標準，所以大多數人會有金錢焦慮。當他們問「如何賺錢」時，其實是在問「如何賺到更多錢」。

如何賺到更多錢？第一種途徑是在自己的工作領域裡，透過晉升獲得更多錢；第二種是透過工作之外的理財、兼職，獲得更多錢；第三種是辭職，去待遇更高的地方，獲得更多錢；第四種是創業，自己當老闆，獲得更多錢；第五種是透過自己的天賦獲得更多錢。

當我們聚焦如何賺到更多錢，就會更關注外在的狀況，哪一個行業更賺錢？哪一間公司更賺錢？哪一種理財方式更賺錢？而這些外在的狀況千變萬化，因此會引發我們的焦慮。這種焦慮背後，隱藏著兩種對於金錢的畸形態度。第一種是拜金，以為金錢是萬能的，把金錢看成一切行為的目的，久而久之，在賺錢的過程裡，成了金錢的奴隸。第二種畸形心態比較隱蔽，常常以清高的形象出現。但這種對於金錢的極端鄙視，隱藏著對於自身責任的推卸。千萬不要忘了，很多時候賺錢是一種責任。有時候，這也是一種虛偽，明明喜歡金錢，卻把自己偽裝成不喜歡金錢。

石油大亨洛克菲勒（John Rockefeller）有一次參加一個活動，有個園丁上前對他說：「洛克菲勒先生，你這樣賺錢是不對的。因為《聖經》上說，金錢是萬惡之源。」洛克菲勒對他說：「先生，《聖經》上說的並非金錢是萬惡之源，而是『對金錢的愛和貪婪是萬惡之源』。」後來，洛克菲勒對他兒子說，當時他一聽這個園丁的話，就知道他為什麼會貧困，因為他被流行的似是而非的觀念誤導了。金錢不過是一種工具，透過這個工具，我們可以實現很多理想。

一般人總以為孔子、佛陀反對賺錢，實際上，孔子說過，如果合乎道義，又能賺到錢，變得富貴，那麼，即使「執鞭之士，吾亦為之」。孔子的弟子裡固然有顏回這樣的貧窮書生，也有子貢這樣的富豪。孔子的著眼點不在於金錢，而在於**無論窮困還是富貴，都能堅守自己的原則和底線**。佛陀也是如此，最早的佛經裡有專門講如何理財的。維摩詰居士是一個富豪，但這並不影響他是一個真正的覺悟者。

**金錢不過是一個工具，關鍵在於我們如何得到它，以及如何使用它**。要回答這些問題，首先要弄清楚金錢的本質。原始時代，人們沒有金錢，但是每個人都擁有一些物品，這時候，就出現了交換。比如，我有兩張桌子，其中一張是我不需要的，我真正需要的是一把椅子，而另一個人有兩把椅子，其中一把是他不需要的，他真正需要的是一張桌子。於是，我就用我的桌子交換他的椅子。這叫以物易物。以物易物受到很多限制，因而出現了貨幣。貨幣是一種媒介，透過這個媒介，每個人都可以得到想要的東西。哈拉瑞進一步分析，「金錢是有史以來最普遍也最有效的互信系統」，金錢建立了陌生人之間的普遍連結，是最直接的價值體現，也使得萬物都可以交換。

金錢的本質體現在幾個關鍵字上：媒介、交換、誠信、價值。也就是說，金錢透過價值和誠信完成了媒介和交換功能。但金錢的這種本質常常被人遺忘，尤其在資本主義社會，人們完全遺忘了貨幣的目的是什麼。就像哲學家格奧爾格・齊美爾（Georg Simmel）所說，人們把金錢當成了上帝，站在了手段的橋梁上，而忘了要到達彼岸。因此，當我們想要賺錢，想要積聚財富的時候，確實應該像經濟學家凱因斯（John Keynes）所說的，先問一下自己：**擁有財富的目的是什麼？我們需要多少錢才能過美好的生活？**

一旦弄清楚了凱因斯的問題，就會更深刻地理解財富的意義。財富不等於金錢，財富其實是透過商業規則為社會創造價值。哲學家安・蘭德（Ayn Rand）推崇商人，認為商人是社會的正能量。她稱真正的商人「財富創造者」，即不會藉由不正當的手段賺錢，而是透過創造性的商業模式把知識變為金錢。財富創造者是發現者，把發現轉換成物質產品。財富創造者從不等待潮流，而是設定潮流的方向。

納瓦爾．拉維肯曾說：「追求財富，而不是金錢或地位。財富是指在你睡覺時仍能為你賺錢的資產。金錢是我們轉換時間和財富的方式。地位是你在社會等級體系中所處的位置。」他認為追求金錢和地位是零和遊戲，是人類自古以來就有的競爭，非此即彼，不是成功就是失敗；而財富創造是正和遊戲，是人類進化史上近代才出現的活動。

到最後，真正的問題只剩下：**如何成爲財富創造者？**或者說：**如何創造價值？**

# 05／時代：當下我要做什麼？

「時代」這個詞，意味著我們的人生總是在某一個時代，有它的特點，而我們個人的命運會受到時代的影響。有一個與時代相關的詞，是「環境」。個人、時代、環境，構成了某種互動，相互激盪，形成了個人的命運。

另外，有一個與時代相關的問題，那就是：**如何面對現實？**這個問題的另一種表達是：**個人如何處理與環境的關係？**

現實常常給人壓迫感，好像具有無法選擇性，所以「現實」這個詞，有無法選擇的意思。所謂的「你要現實一點」，意思是你要接受這個既定的東西，要妥協。如何面對現實？這個問題背後有很大的無奈，但如果仔細思考到底什麼是現實，就會打開另外的思路。

## 什麼是現實？

從社會學層面來說，現實就是各種社會制度所形成的各種環境。比如一個單位，由它的體制、歷史等因素形成了一個小的環境。再比如，你生活的國家、城市、學校，都是大大小小的環境，有它們運作的機制。個人面對環境，有時會有無力感。

從心理學層面來說，現實就是各種心態形成的氛圍。比如，如果你生活在素食主義者的社群，就有素食主義的氛圍。這個時候，你會發現現實可能並非客觀的存在，而是由很多心理投射所形成的鏡像。

從科學層面來說，現實就是基本事實。比如，我現在正在寫作，對於物理學家來說，寫作不是真正的現實，真正的現實，是無限的原子在分裂與組合。這個時候，你會發現，現實是肉眼看不到的，是一種物質的組合。

從心性層面來說，現實是意識的投影，你會發現自己的價值觀、思維方式，決定著你看到什麼現實，也決定著你創造什麼現實。這個時候，你會覺得現實並非枷鎖，而是載體，你可以運用它走向自己的目的地。

## 個人如何處理與現實（環境）的關係？

孔子在《論語．泰伯》中有三句話，可以回答這個問題，他的方法最為簡便、實在。孔子說的第一句話是：「危邦不入，亂邦不居。」就是說個人有選擇的自由，看到這個國家有危險的因素，就不要進入，看到這個國家很混亂，就不要居住；個人應該選擇長治久安的環境。假如沒有選擇的自由，只能處在某個環境裡，怎麼辦呢？孔子說的第二句話是：「邦無道，則隱，邦有道，則顯。」這句話的大意是，如果環境黑暗，社會風氣墮落，那就自己過自己的小日子，遠離主流社會；如果環境光明，社會風氣良好，那就要在公共領域幹一番事業。孔子的第三句話是：「邦有道，貧且賤焉，恥也；邦無道，富且貴焉，恥也。」大意是說，如果環境清明，社會秩序良好，你卻生活得貧窮且地位低下，那就是你自己的恥辱；而如果環境黑暗，社會秩序混亂，你還混得風生水起且富貴榮華，那也是你的恥辱。

顯然，孔子把個人品德看得高於環境。不管環境怎麼樣，不管身處什麼時代，我只是堅持做自己。我的品德和個性，讓我超越了這個環境，不受環境的束縛。

另一個與時代相關的問題是：**時代趨勢是什麼？**確實存在著某種趨勢。比如，豐子愷先生說，大自然間有一種神奇的力量叫「漸」。就是不知不覺間老了，不知不覺間一個時代過去了，不知不覺間永遠失散了，不知不覺間習慣了……如果我們對於外界的變化總是無知無覺，就會變得麻木，就會成為習慣的奴隸。那些不知道發生了什麼和為什麼會發生這種事情的人，常常會淪為時代的犧牲品。

**時代總在動盪，你沒有辦法讓它按照你的想法改變，只能是你自己去適應時代的變幻。不論遇到科技革命，還是社會制度變革，只能去適應這種改變，此外別無辦法。**

**但另一方面，要看到不變的一面，變化好像浮雲，而不變的是青山和天空，世事變幻，但人性沒有多少改變。流水的旅途，彌漫著浮雲，也聳立著青山，而無限的天空，一直就在那裡。**

比如，從前的人談情說愛，約會或見面相當困難；如今，多虧手機和電腦等通訊工具，以及飛機和火車等交通工具，約會或見面變得非常容易。但是，愛情本身從來沒有改變過。從《詩經》裡的關關雎鳩，到今天的愛情小說或電影，改變的只是傳播的形態，愛情這種情感本身沒有什麼改變。我們和《詩經》裡那個在河邊偶遇一個女子的男子一樣，當情愫湧動，一樣意亂情迷。

在寫這篇文章時，我在網路上看到一篇文章：「當人們把精力都投向網路，一切都走向電子化的同時，人類又無限嚮往回歸自然。那些網路菁英賺了錢之後，又怎麼樣？他們在山上蓋座房子，數著周圍的樹木，就滿足了。其實，幾千年來人類並沒有改變太多。」

沒有什麼。每天面對亂紛紛的潮流，不過如此，變來變去，萬變不離其宗。浮雲飄忽，而青山依舊，天空無垠。

世界時刻在變，紛紛擾擾。時代的變化讓我們感到不安。我們在尋找穩定的東西。那麼，什麼是真正的穩定呢？真正的穩定，是擁有面對這個世界的健全心智以及某種技能。有些人的工作總是換來換去，但其實很穩定，因為每次換工作都是他的自我價值在提升；有些人一輩子待在同一間公司，其實內心很不安，總是害怕自己的位置被擠走，因為他別無所長。

**真正的穩定，是擁有別人任何時候都無法拿走的東西，真正的穩定，是不論世**

**界怎麼改變，你都可以坦然應對。**

電腦的出現，改變了我們的書寫習慣，我們當然可以使用電腦，沒有必要堅持用手寫，但是你應該堅持自己的寫作風格。如果因為電腦的出現，就盲目地改行做電腦或軟體生意，那不過是隨波逐流。有人會問：該如何趕上時代趨勢？我的回答是：這個問題的思路是錯的。也許應該這樣問：**如何讓我自己喜歡的東西匯入時代趨勢？**

舉個例子來說，有一段時間，演員瓊．克勞馥（Joan Crawford）的事業有點低迷。電影公司的負責人對她說：「現在大家都想看鄰家女孩，你是否該演演鄰家女孩？」她回答：「如果他們想看鄰家女孩，叫他們去隔壁看。」所以她一直演她自己。重要的不是別人需要什麼你就提供什麼，而是如何把你自己的東西變成別人喜歡的東西。

導演小津安二郎成名後，很多人希望他利用自己的名聲再去做點別的事，但小津說：「我是開豆腐店的，我只賣豆腐。」所以，他還是安安靜靜地拍他自己喜歡且擅長的電影。

文學家趙翼在《論詩（其一）》中說：「滿眼生機轉化鈞，天工人巧日爭新。預支五百年新意，到了千年又覺陳。」世界日新月異，我們要覺知到變化，面對變化。另外，趙翼在《論詩（其二）》中說：「雙眼須憑自主張，紛紛藝苑漫雌黃。矮人看戲何曾見？都是隨人說短長。」所以，面對紛繁變化的世界，我們更要有自己的立足點，而不是人云亦云，隨波逐流。

**最關鍵的並不是時代趨勢如何，而是對於時代趨勢的應對。同樣的時代趨勢裡，每一個人的命運因爲應對的方式不同，而形成了不同的命運。**

也許，真正的問題是：**如何在這樣一個時代裡做我自己應該做的事？這個問題會提醒我們，不要迷失在時代的趨勢裡，不要爲時代而活，要爲自己而活。**

每到年底，大家總是習慣去預測明年會如何，明年哪個行業會發展得最好，明年什麼時候經濟會復甦。我們總是習慣等待最好的時機，尋找最好的夥伴，發掘最重要的事情，我們以為只要找到了這三者，一切就會變得很順利。但是，真到了那個時候，我們又會發現，一切並沒有變得很順利。

有這樣一個故事，從前有一個國王，一次又一次地詢問別人：到底什麼時候是做事的最佳時機，什麼樣的人是最好的工作夥伴，什麼事情是最重要的？但是他對得到的回答都不太滿意。於是，他偽裝成普通人，去深山老林尋訪隱居的智者，但那些智者的回答也不能讓他滿意。就這樣，很多年過去了，終於有一天，他自己悟出來了：**當下就是做事的最佳時機，當下在一起的人就是最好的工作夥伴，當下要做的事情就是最重要的事情。**

當下就是生命最好的禮物，因此，和時代相關的最終問題只有一個：**當下我要做什麼？**

# 06／善惡：如何做一個善良的人？

為什麼要判斷善惡？因為道德原則的需要。道德原則要求我們在現實生活裡必須去做對的事情。而要做對的事情，首先就需要對善惡進行劃分和界定，然後制定道德原則。

道德原則的特點，在於第一，規定性；第二，普遍性；第三，優先性；第四，公共性；第五，實踐性。簡單地說，道德原則是一種適用於任何人的指令，是每個人都必須遵守的原則。

## 為什麼個人應該有道德？

古希臘哲學家柏拉圖（Plato）在《理想國》（*The Republic*）裡舉了一個例子，一個人因為違背道德原則，卻獲得了世俗的成功，另一個人因為堅守道德原則，卻過上了潦倒的生活。既然不遵守道德原則，還能過得比遵守道德原則的人成功，我們為什麼還要堅持道德原則呢？柏拉圖的理由有兩個：第一，我們應該選擇「不成功」卻正義的生活，因為道德對我們是有利的，不會腐蝕人的內心，也就是說，一個人的幸福還是不幸福，不是取決於外在的成功，而是內在的道德原則，有道德的人和不道德的人，就好像健康的人和生病的人，即使不道德的人擁有物質上的富裕，但他內心的混亂會讓他無法享受這種富裕，而好人即使貧窮，也能在心安理得中享受簡單的快樂；第二，上帝將會基於人們的善或惡來進行獎賞和懲罰，這個指向未來的承諾，給予有德行的人永久的幸福，給予罪惡的人無盡的磨難。

柏拉圖的回答，對於現代有些沒有宗教信仰的人來說，好像並沒有很大的說服力。倫理學家路易士．波伊曼（Louis P. Pojman）和詹姆斯．菲澤（James Fieser）在《給善惡一個答案》（*Ethics: Discovering Right and Wrong*）一書中，試圖從倫理學角度回答「為什麼個人應該有道德」這個問題。他們用了一個叫「合作」還是「作弊」的賽局模型加以論證，得出的理由很簡單，遵守道德原則會帶來長期利益，而違背道德原則只會有短期利益，因此，我要容許對我而言的不利因素，也就是犧牲自己，以便我能獲得一種整體的、長遠的利益。

進一步的問題是：**善惡有沒有標準呢？**關於善惡，應該說是有標準的，又是沒有標準的。可以說必須根據自己內心的標準，也可以說必須按照社會的標準。先說有標準的，這個標準是什麼呢？

第一，我們每一個人生活在具體的社會環境裡，每一個社會環境裡都有各式各樣的法律制度，以及各式各樣的公共規則，還有一些道德規範。如果你想在這個環境裡生存下去，就必須遵守這些法律和公共規則、道德規範。這些規則小到怎麼過馬路，大到怎麼處理經濟糾紛，都有一套規定，規定什麼是善的，什麼是惡的，什麼是可以做的，什麼是不可以做的。如果你不遵守這些規則，就很難在這個環境裡生存下去。也就是說，作為一個人，最基本的，就是遵守社會層面的法律、公共規則和道德規則。這些規則也是善惡的基本標準。

第二，除了這些社會規則之外，如果你有信仰，那麼，每一種信仰對於善惡都有一套具體的標準。但值得我們注意的是，各種宗教雖然差異很大，卻在善惡標準上基本是相同的，而且都主張要行善。這說明人類在善惡方面是有共識的，也是有普遍標準的。

第三，一般來說，法律規則、公共規則，每一個人都必須無條件地遵守。但是，道德層面的事情，確實也有一定的複雜性。比如，每一個人必須無條件地遵守交通規則，如果不遵守，就要受到處罰。再比如，一個人如果殺了人，肯定要接受法律的處罰，只是要考量一些細節，比如故意殺人和過失殺人的量刑都不同。這些法律規則是社會的通則，必須按社會標準來運作。

但關於個人道德方面的規則就比較複雜，有時候很難用社會標準去衡量，只能每個人根據自己的內心去衡量、去決定。大概界定的話，凡是涉及到公共領域的事情，應該按照社會規定的道德原則去判斷，凡是涉及到私人生活領域的事情，更多的是按照自己內心的標準去判斷。更進一步，涉及公共利益的，應該遵守社會的標準；而只涉及當事人自身利益的，應該允許有不同的看法和不同的選擇。

歸納一下，從道德原則而言，一個人在社會裡，第一，應該遵守法律，按照社會標準規定的善惡去要求自己，不做惡事，只做善事；第二，假如有信仰的話應該按照信仰界定的善惡去要求自己，不做惡事，只做善事；第三，要認識到道德層面的法則有相對性，所以，對別人要有寬容心；對自己，遇到個人道德層面的抉擇，要聽從自己的內心。

就道德原則而言，個人面對只有一個問題：**我如何做一個善良的人？**這個問題本身，包含了對於善良的信仰和信念，表明了一種基本的生活原則。每一個人，不管有什麼觀點，信仰什麼宗教，都應該堅守這樣一種原則：相信善。當我們思考「我如何做一個善良的人」這個問題時，需要特別釐清兩個問題。第一，善良的人，不等於做爛好人，不講原則。對一些不當行為的「寬容」，並不是善行，並不是幫助別人。對於社會層面的「惡行」，「寬容」不是善良，而是助紂為虐，是惡的幫凶。第二，不能因為社會上出現的各種惡，而動搖對善的信念。不管別人做什麼，我只做自己應該做的事。

就算在地獄，就算在無盡的黑暗裡，我們都要懷著對光明的信念，要讓自己成為光，去溫暖別人。這就是善。就算所有人都相信魔鬼，只有你一個人相信天使，天使仍會眷顧這個世界。如果你不再相信天使，那麼，你就可能成為魔鬼；在黑暗裡，如果你不相信光明，那麼，你就只能在黑暗裡沉淪。

# 07／死亡：如果生命只有一天，我會做什麼？

死亡代表了生命的結束，它帶給我們的，往往是恐懼和虛無。因而，死亡對大多數人而言，是一種禁忌，是一種不敢面對的真相。生活中，每天都有人在死去，即使在我們周圍，死亡也是常有的事，但我們總是覺得死亡只會發生在別人身上，和自己無關。而**一個人的成熟和覺醒，是從意識到自己一定會死亡開始的**。

一旦意識到自己會死，我們經常提出的問題是：死後到底會去哪裡？這個問題本身是在消解死亡的恐懼。「會去哪裡」意味著死亡並不是終結，而是新的開始。莊子對死亡的解釋是，我們從自然中來，又回到自然中去了。所以，他的妻子去世了，他不僅不悲傷，還鼓盆而歌。別人以為這種行為很不像話，但其實，莊子在妻子剛剛死的時候，和絕大多數人一樣很感慨、很傷心，但他突然想到，妻子原來就是沒有生命、沒有形狀、沒有氣息的，只是混雜在恍恍惚惚之間，產生了氣息，又有了形體，誕生了生命。現在這個生命又回到原來的樣子，就和春夏秋冬的四季流轉一樣。死去的那個人安靜地回到了天地之間，如果他哭哭啼啼的話，就顯得不能通達天命，於是他就停止了哭泣。

莊子把生死看作是四季變化，是很自然的現象。所以，他把死亡看得很淡。古希臘哲學家伊比鳩魯（Epicurus）也把死亡看得很淡，他說：「一切惡中最可怕的——死亡——對於我們是無足輕重的，因為當我們存在時，死亡對於我們還沒有來，而當死亡來時，我們已經不存在了。因此，死亡對於生者和死者都不相干。對生者來說，死亡是不存在的，而死者本身根本就不存在了。」伊比鳩魯以理性的推論證明，雖然死亡是最糟糕的事情，但是，實際上死亡對於我們，就像不存在一樣，完全沒有必要害怕死亡。

但人類社會中，存在各種信仰和文化，大多數還是相信死後並不是什麼都不存在了，而是有靈魂，有來生。靈魂、來生的說法，在很大程度上，對於活著的人，不僅可以消除死亡的恐懼，還可以產生一種道德上的威懾：活著時候的行為，會決定你死後過得怎麼樣。

但無論如何，從世間的觀點看，死亡仍然是一種終結，是一種徹底的消失。死亡冥想的另一個方向，也許更適合一般普通人：把注意力集中在死亡這件事情本身上。好好想一想自己終究會死去這件事本身。

死後到底會去哪裡，這是人類經驗之外的東西，並不重要，**重要的是我自己如何面對死亡**。而更重要的是，**面對死亡，我應當如何活著**。這樣一來，關於死亡，對於個人而言，下面這個戲劇性的問題值得我們反覆去問自己。

## 假如明天我就要死了，今天我會做什麼？

這個問題提醒我們，死亡這樣一個真相關乎自己，而不僅僅是別人。現實生活裡，很多時候，一位同事或親人去世了，我們會受到一點觸動，感嘆著要開始好好生活、珍惜生命。但過不了多久，我們還是老樣子，還是在和同事們明爭暗鬥，還是在是非裡糾纏，還是在鑽營奔波，還是有很多很多的想不開。

為什麼呢？原因很簡單，我們並沒有真正想過自己會死，總以為死亡是別人的事，不知道死亡才是真正關乎自己的事。當有一天，我們真正意識到自己會死，而且意識到隨時隨地都有可能死去，我們就走上了覺醒之路。

一旦意識到自己終究會死去，就會重新衡量這個世界的輕和重，以前看得很重的事，現在看得很輕了，而以前看得很輕的事，現在看得很重了。一旦意識到自己終究會死，就再也不會在乎別人的眼光了，而會更在乎自己的內心。**生如曇花，應**

**當歡喜盛開。去彼此喜歡的人那裡，做喜歡的事情，走喜歡的路。**

一旦意識自己終究會死去，人生的意義就成為一件迫切的事情，自己如何度過這一生，就變成一件必須去回答的事情。蘋果公司創始人史蒂夫·賈伯斯（Steve Jobs）在史丹佛大學的演講裡，說自己十七歲的時候，讀到一句格言：「如果你把每一天都當成你生命裡的最後一天，你將在某一天發現原來一切皆在掌握之中。」這句格言對他產生了深遠的影響，從那個時候起，幾十年來，他每天早晨都對著鏡子問自己：「如果今天是我生命的最後一天，我還願意做我今天本來應該做的事情嗎？」

賈伯斯說，如果一連幾天答案都是否定的話，他就知道做出改變的時候到了。然後，他分享了自己罹患癌症的經歷，在分享罹癌體驗的前後，他講了幾段值得我們深深記住的話：

「提醒自己行將入土是我在面臨人生中的重大抉擇時，最為重要的工具。因為所有的事情——外界的期望、所有的尊榮、對尷尬和失敗的懼怕——在面對死亡的時候，都將煙消雲散，只留下真正重要的東西。在我所知道的各種方法中，提醒自己即將死去是避免掉入『害怕失去』這個陷阱的最佳辦法。你已經一無所有，沒有理由不聽從你內心的呼喚。

在經歷了這次與死神擦肩而過的經驗之後，死亡對我來說只是一項有效的判斷工具，並且與只是一個純粹的理性概念時相比，我能夠更肯定地告訴你們以下事實：沒人想死；即使想去天堂的人，也是希望能活著進去。死亡是我們每個人的人生終點站，沒人能夠成為例外。

生命就是如此，因為死亡很可能是生命最好的造物，它是生命更迭的媒介，送走耄耋老者，讓路給新生代。現在你們還是新生代，但不久的將來你們也將逐漸老去，被送出人生的舞臺。很抱歉說得這麼富有戲劇性，但生命就是如此。

你們的時間有限，所以不要把時間浪費在別人的生活裡。不要被條條框框束縛，否則你就生活在他人思考的結果裡。不要讓他人的觀點所發出的噪音淹沒你內心的聲音。最為重要的是，要有遵從你的內心和直覺的勇氣，它們可能已經知道你其實想成為一個什麼樣的人。其他事物都是次要的。」

# 第二章：願望

「愛」是光，照亮那些給予和接受它的人；「愛」是引力，使得人們彼此相吸；「愛」是力量，把我們所擁有最好的東西又加倍變得更好，使人類不會因無知、自私而被毀滅。「愛」可以揭示，「愛」可以展現。因為「愛」，我們生存及死去。

# 寫在前面

人這一生，都在追求的過程中，這些追求構成了一個願望系統，這個系統由四個關鍵字構成：第一是快樂，這是最基礎的願望，並延伸出幸福、健康；第二是成功，這是世俗層面最高的人生理想；第三是自由，代表人們希望不受各種制約，能夠自己決定生活方式，自己支配時間；第四是愛，愛是更深刻的渴望，這種渴望連結了個體，也連結了宇宙萬物。

# 01／快樂：如何享受生活？

## 如何獲得快樂？

從生理學層面來解釋，當我們的體內分泌多巴胺，就會感到快樂。快樂是一種心理滿足感，就像哲學家康德（Immanuel Kant）說的：「快樂是我們的需求得到了滿足。」反過來說，我們每天忙忙碌碌，就是為了滿足各種欲望，而滿足各種欲望就是為了快樂。快樂好像是基礎的人生意義。人活著，讓自己過得開心最重要。

那麼，如何獲得快樂呢？最簡單的回答就是：及時行樂。什麼是及時行樂？蘇東坡有一首名為〈虞美人〉的詞，很有代表性，它是這樣寫的：「持杯遙勸天邊月，願月圓無缺。持杯復更勸花枝，且願花枝長在、莫離披。持杯月下花前醉，休問榮枯事！此歡能有幾人知？對酒逢花不飲、待何時？」

這首詞的大意是說，人生沒有圓滿，就像月亮總有缺損的時候，花朵總有凋謝的時候，月圓花好，只是心裡美好的願望。所以，拿著酒杯在花前月下喝醉的時候，又何必管花開了還是謝了，月圓了還是缺了呢？今朝有酒今朝醉的快樂有多少人能夠知道呢？有酒，還有花，你還猶猶豫豫地不肯喝，還要等到什麼時候呢？等到死了再喝嗎？

這種及時行樂的想法，在漢代的樂府詩裡就有了，比如〈西門行〉的開頭幾句：「出西門，步念之，今日不作樂，當待何時？逮為樂，逮為樂，當及時。」這幾句詩的大意是，走出西門，每走一步，都在想，要是今天不做一點讓自己快樂的事，還要等到什麼時候呢？說到要讓自己快樂啊，一定要及時啊。那怎麼樣才能讓自己快樂呢？「釀美酒，炙肥牛，請呼心所歡，可用解憂愁。」喝著美酒，烤著肥牛，聚在一起的都是自己喜歡的人，這樣就可以化解憂愁。

後來的中國詩詞裡，反覆出現對「及時行樂」的感嘆，比如曹操的「對酒當歌，人生幾何」，李白的「人生得意須盡歡，莫使金樽空對月」，蘇轍的「及時行樂不可緩，歲長春短花須臾」等，數不勝數。

而在西方文學裡，古羅馬詩人賀拉斯（Horace）在《頌歌》（*Odes*）裡較早用了「及時行樂」（carpe diem）這個詞：「聰明一些，斟滿酒盅，拋開長期的希望。我在講述的此時此刻，生命也在不斷地衰亡。因此，及時行樂，不必為明天著想。」

毛姆的小說《尋歡作樂》（*Cakes and Ale*）中，有個叫做羅西的人物，認為「人應該及時行樂」，為什麼呢？「一百年之後我們就都要死了，那個時候還有什麼是最重要的呢？趁我們可以的時候，趕緊享受生活才對。」

「人生苦短，及時行樂」，這是人類從古到今很普遍的一種人生感嘆，也是獲得快樂最簡單的方法。

「及時行樂」的英語是「seize the day」，來源於拉丁文「carpe diem」，大意是「抓住這一天」，和中文「及時」的意思幾乎一樣。所以，及時行樂的第一個關鍵字是「時間」。時間飛逝，人生短暫，還充滿了痛苦和煩惱，一切都好像沒有意義。怎麼辦呢？還不如享樂，什麼都不重要，快樂最重要。什麼樣的快樂呢？古今中外，有關及時行樂的敘述都離不開酒。「酒」是及時行樂的第二個關鍵字，意味著當下感官層面的快樂。

及時行樂的態度，是把快樂理解成了偏感官的享樂，試圖從酒這種外在事物上去尋找快樂，具有一定的積極意義，把我們被文明所壓抑的感官快樂釋放出來。但是，這也遇到了一個瓶頸，什麼瓶頸呢？就是當我們痛苦的時候，及時行樂確實能讓我們很快忘掉痛苦，獲得快樂，但這種快樂很短暫，而且會對身體造成傷害，消耗我們的能量。更重要的是，感官的快樂，還會使人墮落，就像科學家阿爾伯特．愛因斯坦（Albert Einstein）說的：「照亮我的道路，並且不斷給我新的勇氣去愉快地正視生活的理想，是善、美和真。我從來不把安逸和快樂看作生活目的本身——這種倫理基礎，我叫它豬欄的理想。」

## 什麼是真正的快樂？

古今中外，幾乎所有對「快樂」這個概念進行討論的哲學家都認為，真正的快樂不是短暫的，而是長久的。長久的快樂，才是真正的快樂。那麼，怎麼樣才能讓快樂長久呢？蘇東坡在〈超然臺記〉這篇文章裡給出了回答，在蘇東坡看來，任何事物都可以玩賞，正因為都可以玩賞，所以都可以使人快樂。因為凡事都可以使人快樂，所以，他說自己到哪裡都很快樂。蘇東坡這個表述，區分了兩種快樂：第一種快樂是有條件的快樂，不妨叫作享樂；第二種快樂是無條件的快樂，不妨叫作享受。也就是說，透過享樂得到的快樂很短暫，而透過享受得到的快樂很長久。

享樂和享受的區別在於兩點。第一點，**享樂是被動的，享受是主動的**。當我們感到痛苦，順著本能借酒消愁，希望以喝醉來逃避痛苦，是被動的；但像陶淵明那樣，一個人獨自飲酒，微醺，在微醺裡感受自己的痛苦，在痛苦的感受中弄明白活著的意義，這是主動的享受。

第二點，**享樂是只要快樂，不要痛苦，而享受，是把快樂和痛苦看作一體的兩面，把它們看作一個整體，喜歡快樂，但也不抗拒痛苦；喜歡快樂，但不沉溺於快樂；不喜歡痛苦，但不拒絕痛苦。把快樂和痛苦都當作一種感受，一種體驗。**人生，就是體驗。

快樂和幸福緊密相連，幸福也是一種滿足感，但幸福是一種更長久的滿足感，而快樂是當下即刻的滿足感。有些哲學家認為長久的快樂等同於幸福。比如，我想要成為一名大學老師，結果真的成了大學老師，拿到聘書的那一刻我很快樂，接下來的長時間內，我對自己作為老師的人生很滿意，覺得很幸福。

快樂和幸福看似屬於心理層面的感受，卻總和身體息息相關，比如，沒有健康的身體，很難感到快樂，也很難幸福。反之，一個人過得不快樂，身體也很難健康。這裡可以舉一個例子，王陽明有一個學生生病了，問王陽明怎麼辦，王陽明回答：常快樂。常常快樂，就可以從源頭上擁有健康的體魄。

健康和快樂、幸福一樣，都是人最基本的願望。有意思的是，世界衛生組織對健康的定義是：「健康不僅是沒有疾病或不虛弱，而是身體上、精神上和社會適應方面的完好狀態。」所以，健康包含了身體、精神和社會適應三個層面。

快樂、幸福、健康三個詞雖然有不同的側重，但涵義上相互交織與重疊，而在功能上幾乎是一致的，表達了人最基本的、來自身心的願望，所以，我們平時給予他人最多的祝福就是：祝你快樂、祝你幸福、祝你健康。一般人最普遍的問題也與此相關。

## 如何快樂？如何幸福？如何健康？

當我們不假思索地沿著「如何快樂、如何幸福、如何健康」這樣的問題，一路去追求那些讓我們快樂、幸福、健康的事物時，往往會遇到瓶頸。如果卡在那個瓶頸上，執著地沉溺於追求快樂、追求幸福、追求健康的思維慣性中，就會走上一條奇怪的死胡同：越是是追求快樂，卻越來越不快樂；越是追求幸福，卻越來越不幸福；越是追求健康，卻越來越不健康。

這個時候，當我們去問「什麼是真正的快樂、什麼是真正的幸福、什麼是真正的健康」，就會把我們帶出瓶頸，為人生找到開闊的出口。「什麼是真正的快樂」前面已經分析過，不再重複。當我們用蘇東坡的思路，去分析「什麼是真正的幸福、什麼是真正的健康」，就會發現，**眞正的幸福和不幸也是一個整體，排除了不幸、挫折的幸福，非常脆弱且不可靠。眞正的幸福，並不是外在的、我們被動去接**

**受的東西，而是一種主動的、我們去感受和去創造的能力；所以嚴格來說，並沒有幸福，只有幸福感，只有我們對幸福的感知能力。同理，眞正的健康和疾病也是一個整體，只有接納了疾病的健康才是眞的健康。眞正的健康，是創造生活方式的能力，是面對疾病仍然保持熱愛生活的能力。**

如何快樂？如何幸福？如何健康？將這些問題綜合起來，其實就是「如何享樂」的問題，沿著這個思路，我們會走到一個死胡同，那些痛苦的人生，就是卡在了這個死胡同裡，再也沒有走出來。如果我們換一個問題，把享樂轉化為享受，就會豁然開朗，眞正明白，人生的問題只不過是：**如何享受生活？**

## 02／成功：如何成長？

### 如何獲得成功？

如果說，我們希望快樂，更多是基於自己的身心欲望，那麼，希望成功，更多是基於被社會認可的欲望。成功的字面意義是，用自己的力氣去完成一件事。一般人對成功的解釋有兩個基本涵義：第一是成就事業，古代叫功業，功成名就；第二是實現預期目標。這兩個涵義是相互交叉的，核心是實現目標，只不過第一個涵義偏重於社會地位方面的目標，而第二個涵義範圍更廣。

當我們問「如何獲得成功」時，意味著我們很想實現一個目標，這會對我們的人生有推動作用，會讓我們的人生朝著一個目標不斷前行。作家馬克・吐溫（Mark Twain）說：「人一生中重要的只有兩天，第一天是你出生那一天，第二天是你找到人生目標那一天。」據說，美國一所大學進行了一個「什麼樣的人才能獲得成功」的長期調查研究，結果顯示，有百分之三的人目標清晰且有長遠的規劃，這部分人最後成為社會菁英；百分之十的人目標清晰，對未來有短期的規劃，這部分人成為各行業的成功人士；百分之六十的人目標模糊，這部分人事業平平；百分之二十七的人沒有目標也沒有規劃，工作不穩定，人生很失敗。可見，目標管理很重要。

有意義的人生，確實有一個目標在引領著。為了達到那個目標，就要設法完成一個又一個小的目標。為了實現目標，就要堅持。就像哲學家伏爾泰（Voltaire）說的：「要在這個世界上獲得成功，就必須堅持到底，劍至死都不能離手。」現代管理學之父彼得・杜拉克（Peter Drucker）一九五四年在《彼得・杜拉克的管理聖經》（*The Practice of Management*）這本書裡提出了目標管理這種方法，雖然這種方法針對的是企業管理，但對我們個人的人生目標管理同樣具有參考價值。杜拉克說：「所有企業管理，說到底都是目標管理」。我覺得，我們每一個人的一生過得怎麼樣，說到底就是自己人生的目標管理得如何。

杜拉克認為，人並不是有了工作才有目標，而是有了目標才能確定每個人的工作。在我們的一生中，也是一樣，並不是你活著就會有目標，而是有了目標之後就能確定你自己如何活著。

**人的一生就像種樹，而目標就像一顆種子。種一棵樹最好的時間是十年前，其次就是現在。**任何時候，如果想成功，就要找到目標，並且朝著這個目標堅持走下去。而堅持下去，就需要自制力和意志力，自制力，是為了達到成功堅決不去做某些事，而意志力，則是為了達到成功堅決去做某些事。

目標、堅持、自制力、意志力，這是追求成功的四個重要關鍵字，也是追求成功為我們的人生帶來的積極意義。但是，在今天，「成功」這個詞被解讀得有些貶義，而「成功學」更是讓很多人反感。這是因為在主流對成功的追求中，至少存在著三大誤區。

第一，當有人問「如何獲得成功」時，他並沒有真正弄清楚成功的涵義。他所謂的成功，一是來自攀比，比如看到鄰居買了車，他也要買，看到同學買了房，他也要買。二是來自社會的影響，每一個社會都制定了一套成功的標準，諸如要有房子，假期要去度假等。三是來自成功人士的影響，我們把在商業上或其他領域取得成就的人當作成功人士，於是也想要成為他們那樣的人。當你去追求這樣的成功時，一定會迷失自己。**眞正的成功，是自己發自內心想要追求的東西，是自己定義的。你只能成爲你自己，不可能成爲別人。你的目標必須是自己內心的目標，才能帶你走向眞正的成功。**

第二，當有人問「如何獲得成功」時，證明他相信世上有成功祕訣，而且很渴望得到它。所謂成功祕訣，往往是成功人士的成功經驗，這些經驗經過粉飾後，成了某種法則。然而**成功並沒有祕訣，每一個人的成功經驗都是獨一無二的。別人的成功經驗，我們只能參考，並不能像公式一般直接套用**。真正的成功經驗，都是只可意會不可言傳。真正的成功，都是長期的探索。

蘇東坡在《東坡志林》裡有一個故事：從前有一位禪師見到桃花而悟了道，於是，大家都以為這就是成功的經驗，都跑去看桃花，還寫詩歌頌桃花，甚至把桃花做成飯來吃。但蘇東坡說，就算你吃了五十年的桃花飯，還是不能悟道。這就好像書法家張旭，看到挑夫和公主在一條小路上相遇，爭著要先過去，突然明白了草書的氣韻，然後，很多想學習書法的人，就每天去路上等著挑夫和公主爭路。但這樣，又怎麼能學好書法呢？

第三，當有人問「如何獲得成功」時，往往意味著非此即彼，只能成功不能失敗，但正因為如此，焦慮是必然的，浮躁也是必然的。這不是說我們不能追求成功，恰恰相反，有意義的人生是從追求成功開始的，但追求成功不能只問「如何獲得成功」，而是要問自己：**對我而言，到底什麼是眞正的成功？**

## 什麼是真正的成功？

當我們思考「什麼是真正的成功」時，就會發現，**人的一生不只是一個追求成功的過程，更應該是一個自我成長的過程**。因此，我們就會問自己：**如何把成功轉化爲成長？**當我們把成功轉化為成長，失敗就並不可怕，反而是寶貴的資源；當我們把成功轉化為成長，我們的一生，就是開放的、不斷學習的一生；當我們把成功轉化為成長，就會回到我們的內心，找到內心真正想要的東西，並將之視為目標，目標就是目的，帶著我們像樹一樣，萌芽、開花、結果。

王陽明、唐伯虎、文徵明，這三個人的經歷，對於我們理解成功這個概念，也許會有一定的啟發。唐伯虎、文徵明出生在一四七〇年，王陽明出生在一四七二年。當時社會公認的成功就是考上科舉、當官。官做得越大，代表一個人越成功。他們三人年輕時，都在朝著這個方向努力，但都遇到了挫折，或者說失敗。文徵明參加了九次科舉考試都落榜。王陽明和唐伯虎在一四九九年同時考上了，但是唐伯虎因為被懷疑舞弊而喪失了資格；王陽明雖然考上後很順利，但沒過幾年，就因為批評朝政受到太監劉瑾陷害，差一點死在獄中，之後一生都仕途不順。

這三個人追求同樣的成功，都遇到了重大挫折。然而，他們的命運卻因為各自應對挫折的方式而完全不同。王陽明雖然也追求當官，但他少年時代就立下了一個偉大的志向，就是要成為聖人，要成就一種聖人的人格。參加科舉、當官，不過是手段，讀書不是為了當官，而是為了成聖。這是王陽明發自內心的一個人生目標。所以，當他進了監獄，後來逃亡，再後來被發配到貴州龍場，他都沒有怨言或牢騷，他在逃亡途中，寫了一首名為〈泛海〉的詩，很能看出他的心境：險夷原不滯胸中，何異浮雲過太空？夜靜海濤三萬里，月明飛錫下天風。

這首詩的大意是說，那些艱難挫折，就像飄過天空的浮雲，不會影響我，也不會動搖我。在靜靜的夜晚，我感受到了遼闊的海上波濤洶湧，在明亮的月光裡，我要乘著天地的浩然正氣，駕著錫杖，飛躍險惡的人間。

從這首詩的字裡行間，我們完全看不出王陽明是在逃亡，反而感受到一股豪邁之氣。王陽明到了龍場，那是一個十分偏遠的邊陲，他卻在那裡蓋了簡陋的房子，辦起了龍岡書院，弘揚儒家思想，教育下一代。

另一方面，唐伯虎科舉失敗、當官無望之後，變得放浪形骸。他也寫過一首名為〈言志〉的詩：不煉金丹不坐禪，不為商賈不耕田。閒來寫就青山賣，不使人間造孽錢。

這首詩從表面看，好像很灑脫，其實是高級地發牢騷，把其他人的活法都抨擊了一番，意思是他就算當不了官，也不會像有些人那樣去修道參禪，或者從事商業或農業，而是靠賣畫為生。他覺得別人都在造孽，只有他很清高。如果他真的安於「閒來寫就青山賣」，他的人生也不會太差，成就的是一個偉大藝術家的人生。但偏偏唐伯虎在成功這個概念上，完全擺脫不了當時社會的主流觀念，他其實看不起賣畫為生，所以他總有一股不甘心，一把年紀了還要跑到江西投奔寧王，想要做出一番事業，沒想到寧王圖謀造反，嚇得他趕緊裝瘋賣傻，回到了蘇州，繼續放浪形骸，五十歲出頭就去世了。他的藝術才華越高，越讓他憤憤不平，越憤憤不平，就越放縱自己。本來賣畫也可以過得逍遙自在，但唐伯虎總覺得賣畫得不到他想要的那種尊重和認可，結果把自己弄得很潦倒，把自己的一生困在了「落魄文人」的格局裡。

反而是文徵明，他成就了一個藝術家的人生，活到了八十多歲。文徵明考了九次科舉都落榜，後來在京城謀得一個官職，卻發現自己的性格不適合做官，就設法辭職回到了蘇州，在蘇州賣畫賣字為生。文徵明在追求社會設定的那種成功時，遇到了挫折，但他沒有把這種挫折看作不可改變的失敗，而是在挫折中，慢慢發現了自己真正喜歡做的事，然後很堅決地擺脫了社會主流的成功觀念，甘願邊緣化，在邊緣做自己喜歡的事。

很明顯，唐伯虎一直沒有跳出社會設定的那種對成功的追求，明明是一個藝術天才，卻糊里糊塗地走完了失敗的一生。而王陽明和文徵明，他們度過的是成長的一生，不管遇到什麼挫折，都會激勵他們不斷地成長。雖然他們其中一個立志高遠，另一個只想做自己喜歡的事，過好自己的日子，但都徹底把對成功的追求轉化為了自我的成長。

因此，與其問：**如何成功？**不如問：**如何成長？**

# 03／自由：如何按自己意願度過一生？

## 自由是什麼？

根據《現代漢語辭典》，「自由」共有三個涵義：①不受拘束；不受限制。②在法律規定的範圍內，隨自己意志活動的權利。③哲學上把人認識了事物的本質和奧祕及發展的規律性，自覺地運用到實踐中去，叫作自由。

可以自我支配，是這個概念的關鍵。和自由相對的概念，往往是「奴役」。詩人裴多菲．山多爾（Sándor Petőfi）在〈自由與愛情〉（Liberty and Love）這首詩中，將對自由的渴望表現得淋漓盡致：「生命誠可貴，愛情價更高；若為自由故，二者皆可拋。」除此之外，還有一個常見的比喻，反映了人們對自由的熱愛，就是說鳥兒並不願意被關在金絲籠裡，更願意在外面自由飛翔，哪怕得經受日晒雨淋。

人們都想要自由，但如何獲得自由呢？

這要回到自由的基本涵義：自主，就是能夠自己支配自己的時間，支配自己的生活。能夠支配自己的時間，就是自由的人。不想見的人，我能夠拒絕，我就是自由的。心理學家愛德華·德西（Edward L. Deci）在《內在動機》（*Why We Do What We Do: Understanding Self-Motivation*）一書裡，對於自主有一段解釋：「實現自主，意味著根據自己的意願行事，也就是說，憑自己的意志做事，並感到自由。自主行事時，人們完全願意做他們所做的事情，並且帶著興趣和決心沉浸在做事的過程中，其行為源於他們真正的自我感覺，所以，他們是真實的。反之，受到控制意味著人們在壓力下行事。假如人們受到控制，在行動時便沒有一種獲得個人認可的感覺。他們的行為並沒有表達自我，因為自我已經屈服於他人的控制。在這種情況下，我們可以合理地將人們的狀態描述為疏離（alienated）。」

德西進一步分析了兩種非自主的行為，也就是不自由的行為，他的看法是：「在某種程度上，非自主的行為就是被控制的行為，它有兩個類別，第一個類別是順從，順從意味著做別人要你做的事。第二個類別是反抗，這意味著僅僅因為人們期望你怎麼做，你就一定要悖逆這種期望來行事。」

在順從中，固然得不到自由，在反抗中，也得不到自由。對於個人而言，能夠實現的自由，是按照自己的意願行事。

## 如何按照自己的意願度過一生？

前面講到王陽明、文徵明、唐伯虎。王陽明是自由的，他不是一個反抗者，他參加了科舉，也遵守官場的體制，履行一個官員的職責；但他更不是一個順從者，他以當聖人的姿態當官，一下子和當時的官場拉開了距離，身在官場，卻創造了一個致良知的小宇宙。可以說，王陽明完全按照自己當聖人、致良知的意願度過了自己的一生。文徵明是自由的，他不喜歡官場，但也不故意和官場對著幹，而是按照自己的意願，回到家鄉蘇州，以藝術創造了自己的小天地。唐伯虎是不自由的，他天性叛逆，卻非要執著於當官，遇挫折時憤怒反抗，故意鄙視官場，一遇機會就屈膝求官，一輩子空有一身藝術才華，卻在被控制中度過了一生。

作家亨利・梭羅（Henry Thoreau）在瓦爾登湖做了一個實驗，想嘗試一下人能不能過自己想過的生活。梭羅於一八三七年畢業於哈佛大學。那個年代美國處於高度商業化的時期，形成了中產階級，以及中產階級的「成功人生」模式：要有穩定高薪的工作，要有家庭，要有房子、車子等，追求成功的生活。但梭羅提出了一個疑問：「人們讚美而認為成功的生活，只不過是生活的一種。為什麼要誇耀這一種而貶低另一種生活呢？」

他認為，「有人替文明人的生活設計了一套制度，無疑是為了我們的好處，這套制度為了保存種族的生活，能使種族的生活更臻完美，卻大大犧牲了個人的生活。可是我希望指出，為了得到這個好處，我們目前做出了何等的犧牲；我還要建議，我們是可以不做出任何犧牲就得到很多好處的。」顯然，梭羅認為職業生活以及社會主流的成功生活，其實是犧牲了個人生活。他也認為人在追求財富的過程裡失去了自己，「等到農夫得到了他的房屋，他並沒有因此更富有，倒是更窮了，因為房屋占有了他」，生活成了一個沉重的負擔。

所以，他沒有像他的同學那樣，去大城市找高薪的工作，而是回到老家，做了一名中學教師。但他一直在探尋另一種生活的可能。這種探尋到一八四五年，成為了一種實際的行動，那一年的七月四號，他決定進入瓦爾登湖，在那裡展開一場實驗。目的是什麼呢？第一，他說，我到林中去，因為我希望謹慎地生活，只面對生活的基本事實，看看我是否能學到生活要教育我的東西，免得到了臨死的時候，才發現我根本就沒有生活過。我不希望度過非生活的生活，生活是這樣的可愛；我卻也不願意去修行隱逸的生活，除非是萬不得已。第二，他到瓦爾登湖的樹林裡，不是富裕之後的隱居，而是一個面臨經濟壓力的普通人探索如何自食其力的途徑。他想透過這個實驗，證明養活自己不需要花費那麼多時間，他說，在這之前，我僅僅依靠雙手勞動，養活了我自己，已不只五年了，我發現，每年我只需要工作六個星期，就足夠支付我一切的開銷了。當然，這樣的前提是降低欲望。所以《湖濱散記》第一篇就是〈簡樸生活〉，也有人翻譯成〈經濟生活〉，講了人所需要的並不多，詳細地介紹了他如何透過簡單的勞動養活自己。這樣，可以確保自己的個人自由。謀生不應該是一件苦差事，而應該是一件消遣。梭羅有一個重要的觀念，就是不相信為了賺錢必須做不喜歡或違心的事，他堅信人可以在自己的興趣和熱愛之中解決謀生的問題。

梭羅在瓦爾登湖住了兩年兩個月又兩天，一八四七年九月六號離開。不久之後，他所寫的《湖濱散記》（*Walden; or, Life in the Woods*）一書上市。這本書記錄了兩年來的生活情景，那裡的風景，那裡的人物，還有日常的勞動，都是一些詩意的細節，同時夾雜著對生活的思考。

我印象比較深的是，第一，他對大自然的讚美，「只要生活在大自然之間而且還有五官的話，便不可能有很陰鬱的憂慮」。當享受著四季的友愛時，任什麼也不能使生活成為沉重的負擔。第二，他對孤獨的享受，他覺得社交往往很廉價，他說，「我愛孤獨，我沒有碰到比寂寞更好的同伴了」。第三，他對新聞資訊的排斥。我們熱衷於看各種無聊的新聞，是浪費時間。「拿我來說，我覺得有沒有郵局都無所謂。我想，只有很少的重要訊息是需要郵遞的。我一生之中，確切地說，至多只收到過一兩封信是值得花費郵資的。」第四，他對於平常生活的讚美，對於單純的勞動的讚美。

當然，貫穿始終的，是他對當時美國主流社會生活方式的反思，反思人如何不被工作所奴役。他想要展現一種他自己的生活方式。但是，他又再三強調，他並不希望別人模仿他。「我卻不願意任何人由於任何原因，而採用我的生活方式，因為他還沒有學會我的這一種，說不定我已經找到另外一種方式，我希望世界上的人越不相同越好，但是我願意每一個人都能謹慎地找出並堅持自己適合的方式，而不要採用他父親的，或母親的，或鄰居的方式。」

梭羅在書的最後一章，對自己的實驗做了總結，有這麼一段話：「至少我是從實驗中了解這個的：一個人若能自信地向他夢想的方向行進，努力經營他所嚮往的生活，他是可以獲得通常還意想不到的成功的。他將要越過一條看不見的界線，他將要把一些事物拋在後面；新的、更廣大的、更自由的規律將要開始圍繞著他，並且在他內心建立起來；或者舊有的規律將要擴大，並在更自由的意義裡得到有利於他的新解釋，他將要拿到許可證，生活在事物的更高級的秩序中。」

梭羅並非一個逃避社會的人，恰恰相反，他一生都堅持一個道德原則：不向惡勢力妥協，這是一種道德責任，也是在行善。更重要的是，梭羅以自己的親身經歷，向我們展示了以自己的意願去生活意味著什麼。

# 04／愛：如何去愛？

愛是人類普遍的願望，但我們對愛的渴望，在心理學家埃里希．佛洛姆（Erich Fromm）看來，存在著誤區，因為我們喜歡問的問題是：如何被愛？如何惹人愛？男性傾向於問「如何被愛」，意味著如何用自己的成就，也就是地位和財富去吸引異性的愛慕，女性傾向於問：「如何惹人愛」，意味著用自己的魅力，也就是外貌和儀表去贏得異性的追求。佛洛姆認為這兩個問題，都把愛的問題設想為一個對象的問題。而愛的問題，在佛洛姆看來，更應該是才能的問題，真正的問題是：如何去愛？

佛洛姆在《愛的藝術》（*The Art of Loving*）一書裡，回答了「如何去愛」這個問題。**第一步就是要明白：愛是一種藝術**。人們的精力都用來學習如何賺錢、如何獲得權力，卻忘了學習愛的藝術，這是人類精神危機的重要原因。愛，才是人類生存問題唯一合情合理的滿意答案。**第二步是確認：愛主要是給予，不是接受**。什麼是給予呢？有一個普遍的誤解是，給予就是放棄某物，是喪失和犧牲。如果這樣理解，給予就是痛苦的行為。對創造性人格的人來說，給予是潛力的最高表現，正是在給予的行為中，而體會到自己的強大、富有、能幹。給予比接受更令人愉快，這不是因為給予是喪失、捨棄，而是因為我存在的價值正在於給予的行為。

佛洛姆引用了馬克思（Karl Marx）的一段話來說明「給予」：「我們現在假設人就是人，而人跟世界的關係是一種合乎人類本性的關係，那麼，你只能用愛來交換愛，只能用信任來交換信任等。如果你想得到藝術享受，那你必須是一個有藝術修養的人。如果你想感化別人，那你必須是一個能鼓舞和推動別人前進的人，你跟人和自然界的一切關係，都必須是你真實個人生活的、與你的意志對象相符合的特定表現。如果你在戀愛，但是沒有引起對方的反應，也就是說，如果你的愛作為愛，沒有引起對方的愛，如果你作為戀愛者，沒有使你成為被愛的人，那麼你的愛是無力的，是不幸的。」

這段話有一個意思是，給予是把自身有活力的東西給予他人，因此給予隱含著使另一個人也成為獻出者。這就意味著，**愛是創造愛的能力，無愛則不能創造愛**。

這是佛洛姆討論愛的藝術的兩個基礎理念，沿著這兩個理念，他展開了一系列的論證。顯然，佛洛姆討論的愛，不只是男女之愛，而是一種更深刻的品質和能力，這種品質和能力，不僅可以提升個體的生命，也可以解決人類的種種精神危機，彌合種種裂痕。

佛洛姆講的愛，讓我想起愛因斯坦寫給他女兒的一封信，雖然有很多證據證明這封信多半是偽造的，但在我看來，這封信即使不是愛因斯坦寫的，也照樣打動人心，因為這封信對於愛，提出了一種獨特的解釋：

在宇宙中存在著一種極其巨大的力量，至今科學還沒有探索到對其合理的解釋。此力量包容並主宰其他一切，存在於宇宙中的一切現象背後，然而人類還沒有認識到它。這個宇宙的力量就是「愛」。當科學家們探索宇宙時，他們忽略了這最具威力卻看不見的力量。「愛」是光，照亮那些給予和接受它的人。「愛」是引力，它使得人們彼此相吸。「愛」是力量，它把我們所擁有最好的東西又加倍變得更好，它使人類不會因無知、自私而被毀滅。「愛」可以揭示，「愛」可以展現。因為「愛」，我們生存及死去。

「愛」是神明，神明就是「愛」。

此力量可以解釋任何事情，並賦予生命之意義。我們已經忽略它太久了，或許是因為我們懼怕「愛」這個宇宙中人類尚未能隨意運用的能量。

為讓人類能了解「愛」，我對我最著名的方程式，$E=mc^2$，做了一個簡單的替換，如我們能認可，從「愛」乘以光速的平方而獲得的能量足以治癒這個世界的話，我們將會得出這一結論：「愛」是宇宙中最巨大的力量，因為它沒有極限。

人類試圖利用和控制宇宙中的一些能量，然而這些能量卻被用來毀滅自己。我們現在急需能真正滋養我們的能量。如果我們人類還希望存活下去，我們就應尋求生命的意義。如果我們還想拯救這個世界和這個世界中的生命，「愛」則是唯一的答案！

我們或許現在還無能力製作一個「愛」的炸彈，以消滅正在摧毀這個星球的仇恨、自私和貪婪。然而，我們每個人身上都擁有一個雖然渺小但有威力的「愛」的發動機，這個發動機正等待發射愛的能量。

當我們學會如何給予和接納這個宇宙能量，我的孩子，我們將能斷言「愛」，無所不能的，超越一切，因為它就是生命的全部。

這封信很容易讓人聯想到科幻電影《星際效應》（Interstellar），地球即將毀滅，幾位科學家為了拯救人類，去外太空尋找適合生存的星球。他們最後到了一個五維空間，要把他們找到的訊息發回地球時，依靠的不是什麼高科技，而是男主角和女兒之間的愛：一個父親對女兒的愛，一個女兒對父親的愛，這才是發現宇宙奧祕的真正動力。電影中的女科學家說，我們用理論分析太久了，我要順從我的心，順從內心的愛，也許愛更意味深遠，愛不是人類發明的，如果愛不是人類發明的，那麼，它就是一種強大的宇宙力量。

但我們遺忘了這種力量。

**當我們渴望愛，就會去學習如何愛，啟動自己愛的能力，這種愛的能力，會喚醒潛藏於我們內心的宇宙力量。**

# 第三章：思維

關注更大的問題，會訓練我們養成「破圈」的思維方式。所謂「破圈」的思維方式，就是當我們在思考問題的時候，跳出原有的格局，從一個更大的視角去觀察、去思考。

# 寫在前面

人的一生，每時每刻，無非在做兩件事，一是想，我們的頭腦，總是在想著什麼；二是做，我們的身體，總是在做著什麼。這可以引申出人生的四個基本問題：想什麼？怎麼想？做什麼？怎麼做？這四個問題彼此關聯，造就了我們的一生。這四個問題表現在思維上，第一個是因果原則，這是一個基本原則。假如我們不相信因果原則，那麼，一切無從談起，也就不會有這本書。這本書的基礎來自對因果原則的信仰。因果原則的核心是找到真正的原因。在紛亂的現實裡，找出因果關係，找到真正的問題所在，找到頭緒，進而解決全部的問題。在因果原則中，最重要的口訣是：因上努力，果上隨緣。人生就是不斷地因上努力，果上隨緣的過程。第二個原則是事實原則，我們需要在紛亂的現實裡，還原事實本身，看到真相。人生就是不斷地去發現真相的過程。第三個原則是解決原則，在混亂的現實裡，提出問題是為了解決。人生就是不斷地解決各種問題的過程。第四個原則叫取捨原則，人生就是在不斷地權衡取捨。第五個原則叫「破圈」原則，這指的是從更高的層面往下看，可以看得更清楚，也可以更容易去解決難解的問題。這五個思考原則，構成了思維系統。思維系統相當於人生的決策系統。我們常常說，人生在於選擇，從表面上看，就是我們的思維方式在決定著我們的選擇。

# 01／因果：多問自己「為什麼」

如果你覺得自己的生活好像陷入了某種「解不開，理還亂」的狀態；如果你想從根本去改變自己的生活，那麼，你應該試著安靜下來，多問問自己：為什麼？

如果你覺得做事沒什麼激情，但又好像被環境推著不得不做，那麼，你應該嘗試著安靜下來，多問問自己：為什麼？

沿著「為什麼」這個問題，你會看到各式各樣的原因和理由，然後，你會走向內在，最終弄清楚真正的原因和理由。一旦我們明白真正的原因和理由，我們就打開了人生的奧祕之門。

所以，我們要安靜下來，經常問問自己：為什麼？

這個問題，是自我覺醒的開始，也是人類文明的開端。哲學家朱迪亞．珀爾（Judea Pearl）和科普作家達納．麥肯錫（Dana Mackenzie）在《因果革命》（*The Book of Why*）中提到，人類的文明進展，源自於我們的祖先提出了「為什麼」這個問題。

「因果推斷，它本身並不是什麼高科技。因果推斷力圖模擬的理想技術就存在於我們人類自身的意識之中。幾萬年前，人類開始意識到某些事會導致其他事發生，並且改變前者就會導致後者改變。沒有其他物種領悟到這一點，更別說達到我們所理解的這種程度。由這一發現，人類這一物種創造出有組織的社會，繼而建立了鄉村和城鎮，直至創建了我們今天所享有的科技文明。所有這一切都源於我們的祖先提出了這樣一個問題：『為什麼？』」

## 歸因能力

也就是說，藉由看到的各種現象，能夠建立一種因果關係，是人類特有的能力，這種能力叫作因果推斷能力，也叫歸因能力。雖然每一個人都具有這種能力，但它隱藏在我們的意識裡，需要透過練習才能啟動它。

我們可以反覆問自己以下三個問題，在追問的過程中，我們的歸因能力會得到提升。

**第一，是什麼造成了我今天這樣的狀況？**

這是一個清理性的問題，不管你在哪一個年齡階段，都應該偶爾花一點時間，安靜地思考這個問題：是什麼造成了我今天這樣的狀況？

在思考的時候，要特別注意「歸因謬誤」，要進一步思索「真的是這個原因嗎？」心理學家提醒我們，人類很容易陷入一種歸因謬誤：把別人的失敗歸因於個人品性，而把自己的失敗歸因於運氣和環境；同時又把別人的成功歸因於運氣和環境，而把自己的成功歸因於個人品性。

**第二，如果我當時選擇了別的，會怎麼樣？**

這是一個反事實的問題，這個問題是面向未來的，焦點是可能性，並不是要造成後悔的情緒，而是在假設的提問中，體會人生有很多可能性。人是可以選擇的，每一個時間點上，哪怕一個很小的選擇，都會改變我們的人生。這個反事實的問題也在提醒我們，並沒有固定的因果關係，一個很小的因子改變了，接下來的因果關係鏈就完全不同了。某種意義上，可以說，我們每一個人都在創造自己的因果關係，我們每時每刻都在重組因果關係。有一個關鍵點是，我們所創造的因果關係在邏輯上能否自洽。一旦創造了自洽的因果關係，人生就會變得順暢。

**第三，我一定要做這件事嗎？**

在一生中，我們要做很多事情，但很多事情我們沒有必要去做，所以，應該經常問自己：我一定要做這件事嗎？賈伯斯說他有一段時間有一個習慣，就是問自己：「假如明天我就要死了，還會做今天的事嗎？」這樣的追問，讓他把自己所有的精力都集中在想做而且應該做的事情上。我一定要做這件事嗎？當我們追問這個問題的時候，其實是讓事情和我們的內心建立一種深刻的因果連結。**一旦我們做的事情，都是內心真正的願望，就會有一種生生不息的動因，讓事情開花結果。**

# 02／事實：透過現象看本質

## 什麼是偏見？

我們如何在思考的時候盡可能擺脫自己的偏見？換一種問法，在思考問題、提出問題的時候，怎麼樣能夠讓問題帶著我們看到真相？怎麼樣擁有敏銳的洞察力，透過現象看到本質呢？

凡是人，難免有偏見。哲學家法蘭西斯．培根（Francis Bacon）提出了「四假象說」，大意是指人活在四種假象裡。第一種是「種族假象」，指的是我們每個人都屬於一定的種族，而一定的種族會形成集體無意識，這會讓我們產生很多偏見。

第二種是「洞穴假象」，培根認為，每一個人在成長過程中都會受到家庭、學校、社會環境、生活經驗等方面的影響，從而形成一套個人的偏見。第三種是「市場假象」，指的是我們在與人交往的過程中，由於對語言的理解不一樣，會產生錯誤的認知。第四種是「劇場假象」，指的是我們對傳播體系裡的知識、資訊的盲目相信，對權威和傳統的迷信。

所以，經濟學教授尼爾．布朗（Neil Browne）和心理學教授史都華．基里（Stuart Keeley）提倡批判性思維，他們在共同著作《思辨，從問對問題開始》（*Asking the Right Questions*）中進一步區分了弱勢批判性思維和強勢批判性思維：「如果你利用批判性思維來捍衛自己當前的信念，就是在使用弱勢批判性思維。為什麼說這種思維是弱勢的呢？因為以這種方式來使用批判性思維的技能，就意味著你根本不關心自己是否接近真理和美德。弱勢批判性思維的目的就是堅決抵制和駁倒那些不同的觀點和論證，將把那些意見和你不一樣的人駁得啞口無言、乖乖認輸作為批判性思維的最終目標，會毀掉批判性思維潛在的人道和進步性的特徵。反之，強勢批判性思維要求我們對所有的主張都提出批判性的問題，包括對我們自己的主張。只有強迫自己批判性地看待初始信念，我們才能保證自己不自欺欺人和人云亦云。抱著初始信念死死不放自然容易，特別是很多人都抱持這樣的信念時更是如此，可一旦我們選擇走這條容易的道路，我們就極有可能犯下原本可以避免的錯誤。」

那麼，如何訓練自己擁有強勢批判性思維呢？羅素提了幾個建議。第一，「如果你一聽到一種與你相左的意見就發怒，這就表明，你已經下意識地感覺到你的看法沒有充分理由。如果某個人硬要說二加二等於五，或者說冰島位於赤道，你就只會感到憐憫而不是憤怒，除非你自己對數學和地理也是這樣無知，因而他的看法竟然動搖了你的相反見解。……不論什麼時候，只要發現自己對不同意見發起火來，你就要小心，因為一經檢查，你大概就會發現，你的信念並沒有充分證據」。

第二，「擺脫某些武斷看法的一種好辦法，就是設法了解一下與你所在的社會圈子不同的人們所持有的種種看法。我覺得這對削弱狹隘偏見的強烈程度很有好處。如果你無法外出旅行，也要設法和一些抱持不同見解的人有些交往，或者閱讀一種和你政見不同的報紙。如果這些人和這種報紙在你看來是瘋狂的、乖張的、甚至是可惡的，那麼你不應該忘記在人家看來你也是這樣。雙方的這種看法可能都是對的，但不可能都是錯的。這樣想一下，應該能夠慎重一些」。

第三，「設想一下自己在與一位懷有不同觀點的人進行辯論。這和實地跟論敵進行辯論比起來有一個（也只有一個）有利條件，那就是這種方法不受時間和空間的限制。……我自己有時就因為進行這種想像性的對話而真的改變了原來的看法；即使沒有改變原來的看法，也常常因為認識到假想的論敵有可能變有道理而變得不那麼自以為是」。

## 掙脫出偏見的牢籠

雖然人都有偏見，但有些人對偏見完全沒有察覺，覺得理所當然，而有些人對偏見不斷地保持覺知，總是在努力擺脫偏見。因為對偏見的覺知程度不同，人就有不同的境界。如果我們希望人生的路越走越開闊，如果我們希望自己能夠穿透現象看到真相，那麼，我們應該時刻保持覺知，不要進入偏見的牢籠。我們應該經常問自己四個問題。

### 第一，他爲什麼會這樣想？

當我們聽到別人的意見，無論多麼不贊成，都不要急著去反駁，而是安靜下來，問一問自己：他為什麼會這樣想？

弄清楚別人這樣想的邏輯，我們會有更多的發現，也能更全面地了解對方。觀點背後有更多的真相。還有更重要的，即使是觀點完全相反的雙方，一旦願意去弄清楚各自的邏輯，就有溝通的可能。

當我們面對各式各樣不同的觀點，不要急於去評判，而是去思考：他為什麼會這樣想？這樣才會真正了解觀點背後到底是什麼。觀點只是一個表面的東西，這樣的觀點，那樣的觀點，是如何產生的，才是有意思的問題。

## 第二，發生了什麼？

當我們的身邊出現各式各樣的事情，我們應該安靜下來，問問自己：發生了什麼？這種思維方式叫「就事論事」。沒有必要看到有些外國人缺乏公德心，馬上就問：「為什麼外國人這麼沒有公德心？」其實真正應該問的是：「這個外國人為什麼沒有公德心？」

中國人、法國人、男人、女人、年輕人、老人等，在我們的個人生活裡，使用的時候要特別警惕，因為這些全稱判斷很容易讓我們產生偏見。

當我們問「發生了什麼」時，也是在還原事實。掃除掉各種遮蔽，回到基本的事實，重新建立一個問題。伊隆．馬斯克運用「第一性原理」這樣一個概念，解決了一個問題。「第一性原理」的意思是，不應該把已知資訊當作前提，而是應該拋開這些已知資訊，去發現最原初的事實。他舉了一個例子：特斯拉汽車所配備的輕型鋁車輪，市場售價為五百美元，但馬斯克從基本事實，即鋁的價格是每磅兩美元，開始推論，認為這個輪胎的價格，即使加上成本，價格翻一倍，最多也就是一百美元。馬斯克最終以此確定了新的供應商，大大降低了成本。

## 第三，換一個角度看，會怎麼樣？

人都有局限，同樣一個問題，如果試著從不同角度看，就會有新的發現。我年輕的時候，喜歡文學，以為文學就是全部，直到有一天和一個小販聊天，才突然意識到，在這個世界上，文學只是一部分，遠遠不是全部，有些人沒有文學也活得很好。文學不是唯一角度，更加不是一個標準。愛情也是一樣的，詩人從審美角度，認為愛情是一種浪漫的存在，但醫生從生物學角度分析，認為愛情是荷爾蒙分泌的產物，如果我們從人類學和社會學角度對愛情進行分析，又會引出另外的說法。

**第四，當他使用這個概念的時候，他想表達什麼？**

這個問題，訓練我們不要成為概念的奴隸，更不要成為教條主義的奴隸。有時候人們爭吵得一塌糊塗，但稍稍聽一下，就覺得很無聊，因為他們的爭論缺乏一個前提，就是對概念的界定。比如討論「一個人過得幸不幸福」，首先要確定「幸福」這個概念的涵義，否則，每個人對幸福的理解不一樣，就會各說各話。再比如，很多人在爭論一個案件中某個當事人的行為到底算不算正當防衛，大多數人一上來就發表意見，很少有人會在發表意見前去查閱法律文件，了解正當防衛的定義，然後再來論證相關問題。

日常生活裡，我們每天都在不假思索地引用大量的概念，但我們一定要明白，幾乎所有的概念，如果我們不去辨別的它的涵義，就會不知不覺地帶向思維的陷阱。所以我們一定要養成對概念進行思辨的習慣。隨便舉個例子，「人」這個概念每天都在用，但我們有沒有思考過「人是什麼」呢？再比如，「生活」這個概念也很常用，但「生活是什麼」呢？當你去溯源概念的時候，會有很多驚奇的發現。當你進一步思考，你會發現，概念的真正意義，不全在概念的定義中，而是在語境中，同樣一個概念，不同的人在不同的場合使用，意思其實並不一樣。即使同一個人，有時在不同場合使用同一個概念，都會有微妙的差別。所以，我們應該經常問一問，當他使用這個概念的時候，他真正要表達的是什麼？

有一些概念，帶有明顯的偏見，當我們回應的時候，首先可能要釐清這個概念本身的問題，比如，我曾經被問到「如何看待剩女現象」，我的回答是，我們先來討論「剩女」這個概念是怎麼產生的。其實，這個詞本身代表了一種偏見，認為女孩子到了一定年齡就一定要結婚，不結婚就是可憐的、不正常的。因此，對於這樣的概念，不僅要保持警惕，還要有所批判。

# 03／解決：培養解決問題的意識

在《論語．衛靈公》裡，孔子說：「不曰『如之何，如之何』者，吾末如之何也已矣。」這句話的大意是「遇到什麼事從來不說『怎麼辦、怎麼辦』的人，我對他也不知怎麼辦才好」。在這裡，孔子講了一個很普遍的現象，就是遇到事情時，我們常常不會去思考問題出在哪裡，尤其不會思考如何解決問題。另一層更深的意思是，在生活中，當我們遇到各式各樣的事情，要看到問題的所在，尤其要有解決問題的方法，有了方法之後，更要去實行，去踏踏實實地行動。

平時不愛思考，或者思考了但不去找解決的方法，或者找到了解決的方法不去實行的人，很難有所成長。所以，孔子說，應該多問自己：怎麼辦？遇到事情多問怎麼辦，養成一種解決問題的思路，以及馬上行動的習慣。

《箭喻經》裡記了一個故事，有個鬘童子拜見佛陀，向佛陀問了十四個問題：世界恆常存在嗎？世界不會恆常永在嗎？世界既恆常而又不恆常嗎？世界非恆常非非恆常嗎？世界有邊際嗎？世界無邊際嗎？世界有邊際而又無邊際嗎？世界非有邊際非無邊際嗎？生命即是自我嗎？生命與自我並非同一嗎？佛死後還存在嗎？佛死後不存在嗎？佛死後存在而又不存在嗎？佛死後非存在非不存在嗎？

佛陀聽完了他的十四個問題後，告訴鬘童子自己不能回答這些問題。鬘童子詢問原因，佛陀說：「如果有一個人中了毒箭，結果旁邊的人不去救治他，總是探討這個箭頭什麼材質的、射入肉體多深這些毫無意義的問題，豈不是很愚蠢嗎？」

中國的禪宗把佛陀的意思發揮到了極致，有一個人問禪師：「什麼是佛法大義？」禪師問：「你剛才在做什麼？」那人回答：「我剛剛吃完飯。」禪師就說：「那你趕緊洗碗去吧。」

孔子和佛陀，並沒有否定形而上學的問題，尤其是佛陀，對形而上學的問題和死後的世界，有很深入的思考。但他們認為**不能以形而上學的問題，淡化或者取代眼前的迫切問題**。孔子說：「未知生，焉知死。」意思是說連活著的事情都沒有搞清楚，沒有必要去糾纏死後的事情。又說：「未能事人，焉能事鬼？」意思是說連人都沒有侍奉好，哪能去侍奉鬼？所以，「敬鬼神而遠之」，意思是我們要先把人間的事情弄清楚了，再去考慮死後的事情。換一種說法就是，思考死後的事情，是為了活得更好。

在佛陀看來，解脫是最為迫切的問題，一切的思考，應該以是否有助於解脫為核心。佛陀的論述裡，還有一個意思，就是世界是不是恆常存在這樣的問題，無論怎麼探討都不會有明確的答案，如果我們想要得到一個答案，而去問這樣的問題，只會陷入糾纏不清。事實上，關於「死後去哪裡」、「自我是什麼」這類問題，在佛陀的思想體系裡都有思考，不過這種思考，不是為了得到一個確切的答案，而是打開一扇思想的門，通往解脫的道路，或者這種思考建構了一個話語體系，可以安頓人的身心，幫助人們得到解脫。

所以，我們一定要明白，孔子和佛陀並沒有否定形而上學的問題，而是認為，**作爲現實裡的人，首先應該回答的是現實的問題，更確切地說，應該去回答如何解決現實的問題。也就是說，我們在思考問題、提出問題的時候，要有解決問題的意識，不是爲了問題而提問，問題的意義，在於解決它的過程。否則，就是空談。**

哲學家雷蒙．阿隆（Raymond Aron）也表達了對於這種「空談」的警惕和厭倦。有一次，他和哲學家尚－保羅．沙特（Jean-Paul Sartre）以及作家西蒙．波娃（Simone de Beauvoir）在「煤氣燈」咖啡館閒聊，聊哲學、聊人生的意義，聊著聊著，他突然對沙特說：「其實，探究來探究去，我們把時間浪費在扯不清的問題上，而忘了最重要的問題，就是存在的問題。存在的問題是什麼呢？是回到事物本身。怎麼樣才是回到事物本身呢？比如，此刻，我們沒有必要去扯那些很『高大上』但沒有什麼用的東西，我們不如談談眼前這杯雞尾酒，談談這杯雞尾酒對我自己有什麼意義，所有的哲學，其實都在我們眼前這杯雞尾酒裡。」[1]

四十年後，當沙特談到當時聽阿隆講雞尾酒的感受時，他說：「我好像當頭挨了一棒。」[2]沙特的感受，應該也是我們很多人的感受，我們經常在概念裡胡思亂想，卻忘了眼前的事實是什麼；我們經常在宏大的人生問題裡琢磨來琢磨去，卻忘了眼前最需要解決的問題是什麼。

沿著「怎麼辦」這個思路，有兩個問題可以幫助我們增強解決問題的意識。

## 第一個問題：這個問題可控嗎？

這是解決問題的前提，問題必須是可控的，才可能有解決的途徑。什麼是可控

1 摘錄自《存在主義咖啡館》（*At the Existentialist Café: Freedom, Being, and Apricot Cocktails*，繁體版書名為《我們在存在主義咖啡館》）。

2 摘錄自《存在主義咖啡館》。

的呢？就是決定權在我們自己，只要我們想做，就能去做。反過來，如果這個問題是不可控的，我們應該把它轉換成一個可控的問題。從可控性上去提出問題、思考問題，和前面說過的因果原則可以相互參照。**一般而言，眞正的原因都是可控的，可控的問題大多是找到了眞正的原因**。因上努力，果上隨緣。比如，很多人常問「如何才能變得富有」，但其實「富有」只是一種不可控的結果。我們真正要問的是，「什麼原因會讓我變得富有」，然後我們要排除那些不可控的「原因」，比如，中彩券可能是我們致富的原因，但這個原因不是可控的，我們很可能買了一輩子彩券，還是中不了獎。所以，我們要進一步去思考，具有什麼樣的資源，能夠使我們賺到錢，這種資源可能是某種技能，也可能是某種品行，這是我們能掌控的。因此，我們要把問題轉化為：我如何提升我的某種技能？我如何自我修行成為具有那種品行的人？我們只有把「富有」這個果放下，聚焦在提升技能和品行，才能真正解決「如何才能變富有」這個問題。

## 第二個問題：目前能做的是什麼？

這個問題是提醒自己，**任何一個問題的解決，都是從當下能做的部分開始**。我們需要立刻跨出第一步。有些問題不一定能夠馬上解決，那就先放下不能解決的部分，把能解決的部分，哪怕只有一點點，先去解決掉。這是一個重要的原則，**無論我們遇到多麼困難的事情，先問問自己：目前能做的是什麼？一旦開始去做，再大的困難，也會一點點化解**。辦法總比困難更多。我們之所以覺得事情很難，往往是因為不願意邁出第一步，不願意馬上去行動。所以，當我們問自己：目前能做的是什麼？就是在提醒自己趕快去做。

比如，面對「如何解決被手機綁架」這個問題。首先，我們要從認知層面上去思考頻繁看手機的原因。這其實往往是因為兩種心理：一種是怕錯過了有用的資訊，所以我們不停地看手機，一下子看看社群媒體，一下子看看信箱，一下子又忍不住打開其他應用程式；另一種是因為無聊，比如當我們在排隊，或者一個人不知道做什麼的時候，總會拿手機來打發時間。明白了這兩種心理上的原因之後，我們就可以問自己：假如我不想被手機綁架，目前能夠做什麼？如果我們正在散步，那目前能做的，就是馬上不看手機；如果正在冥想，那目前能做的，就是聽到手機的鈴聲，堅決不去查看；如果正在開車，那目前能做的，就是聽到手機響了，堅決不去接聽；如果正在等候飛機，那目前能做的，就是寧願發呆，看周圍的人，也不看手機……只要開始這樣做，就會慢慢養成一種習慣，擺脫對手機的過度依賴。

重要的是不要有任何藉口，馬上開始改變。

# 04／取捨：我要選擇哪一個？

如果你覺得自己面對各種選擇無所適從，那麼，嘗試著安靜下來，問問自己：我要選擇哪一個？提醒自己做出最合適的選擇，並提醒自己這個世界沒有完美，只能選擇一個，總會留有遺憾。

怎麼做選擇呢？我們經常會用孔子的那句「三思而後行」，來告誡自己不要衝動，要想清楚了再行動。雖然這句話出自《論語》，但並不是孔子說的。實際上是一個叫季文子的人總是三思而後行，孔子聽說後，就說：「再，斯可矣。」意思是說，遇事要想三次才決定，想得太多了，考慮兩次就可以了。所以，事實上，孔子並不贊同三思而後行。**爲什麼想得太多沒有必要呢？因爲想得太多，會陷入糾結。**

我研究所畢業的時候，有一個同學面臨著「去杭州還是去武漢工作」的選擇，他就很猶豫，見到相熟的人，就要和對方討論到底該選擇去哪個城市工作。結果，經常是今天決定去武漢，明天又覺得去杭州好，還要拉著同學幫他出主意，後來，誰見了他都躲著他。最終，他在糾結中去了武漢。過了三年，我有一次偶然在杭州碰到他，他說自己到武漢之後就後悔了，那裡的氣候太差，人際環境也不好，又設法調到杭州。但兩年後，他又後悔去杭州了，於是又去了廣州。後來我聽別的同學說，他不停地在換公司、換地方。他一輩子都在糾結中糊里糊塗地過去了。

我那位同學致命的誤區是，他要在這兩個城市裡選擇出一個更好的城市，這是非常困難的，因為標準稍微改變，結果就會不一樣。我那位同學忘了一個基本目的：去哪裡工作，嚴格來說，不是在選城市，而是在為自己的事業選一個落腳的地方。所以，要做的，不是在兩個或三個城市之間做選擇，而是要弄清楚自己未來人生的期許是什麼，然後再回答哪個城市的資源更適合發展自己未來的事業。

如果以事業為重，那就評估一下哪個城市的資源有利於自己的事業？如果以生活為重，那就評估一下哪個城市的自然條件更符合自己對美好生活的期待。

所以，面對難以選擇的問題，想要解決內心的糾結，第一個要點是，回到「目的」這個原點，問問自己：我的目的是什麼？我的目標是什麼？還要考慮有沒有第三個選擇。所謂難以選擇，就是這個選擇會產生重大影響，甚至會影響到命運。但核心是要明白自己的目的是什麼，如果不明白，就會像我那位同學一樣，糾結在細枝末節裡。

第二個要點是，要養成一個習慣，學會區分什麼是重要的事情，什麼是無關緊要的事情。其實，很多選擇是浪費時間，因為不會發生嚴重的影響，比如，今天穿什麼衣服？去哪裡吃飯？有些人在這些無聊的事情上糾結，夫妻之間甚至因為這個發生爭吵。遇到這些事情，應該隨意選擇。**人生太短了，我們要做的事情太多了，沒有必要去操心這些無關緊要的事情。**

第三個要點，在我看來，也是最重要的一點，是要懂得捨棄。很多時候我們之所以糾結，是因為我們什麼都想要。我那位同學想要不同城市與公司的所有好處，但到最後好像都失去了。有些女孩子選男朋友時拿不定主意，這個男孩子的優點想要，那個男孩子的優點也想要，結果在優柔寡斷、猶猶豫豫之中失去了最想要的。實際上，我們不可能得到一個完美的人，對方的優點，往往也意味著他的缺點，只是取決於我們認為哪一點對自己更重要。

第四個要點是，決定了就不要再後悔。社會心理學家利昂·費斯廷格（Leon Festinger）的「認知失調理論」中指出，人們一旦做出一種決定，就會立刻把注意力投射在已選選項不好的方面，以及放棄選項好的方面，這很有可能會導致對選擇的「後悔」。也就是說，行動會比不行動更容易出現「後悔」的狀況。就像作家錢鍾書說的，作家對自己沒有寫出來的作品，總覺得是最好的。而追不到的戀人，也往往比追到的戀人更好。所以，**當我們一旦做出決定，就要完全投入已經決定的選**

**項當中，把沒有選的那個選項忘掉。**

如果實在難以選擇，要麼不選擇，把問題擱置一段時間，也許答案自己會浮出水面；要麼用一個最後期限來逼迫自己做出選擇。總之，不能讓自己陷於糾結，再糟糕的選擇也比陷入糾結好。荷蘭阿姆斯特丹大學一個社會心理學研究團隊，曾經在二〇〇九年發表的研究報告中探討糾結感的源頭。他們利用皮電測量技術測量大學生們在面對矛盾情境時的情緒生理喚起程度，發現矛盾情境的確會誘發負面的情緒反應。

此外，我們可以反覆問自己兩個問題。

**第一，對我來說，哪一個是最重要的？**

這是一種排序練習，也是一種捨棄的練習。想要穩定，就要放棄自由；想要自由，就要放棄穩定。得到了什麼，一定會失去什麼。蘇東坡把這個道理寫透了：

「人有悲歡離合，月有陰晴圓缺，此事古難全。但願人長久，千里共嬋娟。」很多時候，**我們活在世界上，就是在權衡利弊，兩害相權取其輕，不可能什麼都得到。**

**第二，哪一個適合我？**

我們總會習慣性地去問哪個是最好的？其實，**沒有最好的選擇，只有合不合適的選擇。合適的就是好的選擇。**最好的公司，不一定適合我；最好的學校，不一定適合我的孩子。

# 05／破圈：提出大哉問

「破圈」的問題，最典型的就是像「宇宙的盡頭在哪裡」這一類問題。這類問題沒有什麼實用性，也很難有答案，但是，這類問題賦予我們超越性。第一，會讓我們從環境的局限裡跳出來，看得更遠；第二，就人類整體而言，這類問題引發的無限探索精神，推動著人類科技，乃至文明的發展；第三，思考這類問題，具有極強的療癒效果，能夠讓我們很快看淡生活裡的煩惱和痛苦。

總結來說，這樣的問題，會讓我們看到更大的圖景。「一旦你看到更大的圖景，你的生活就會改變。」這句話是一位名叫艾德加．米切爾（Edgar Mitchell）的太空人說的。一九七一年，阿波羅十四號太空船抵達月球，艾德加．米切爾是三位太空人中的一位，在返回地球的途中，他比其他太空人有更多的時間往外看，在往外看的過程中，他體驗到了一種奇妙的感受。回到地球之後，他去請教布朗大學的人類學教授，教授對他說這種奇妙的體驗，是佛教中的「三昧體驗」。一九七三年，艾德加．米切爾成立了思維科學院（Institute of Noetic Sciences），致力於探索和推廣人類意識的擴展。艾德加．米切爾從人類文化史的角度，考察他自己經歷的體驗，認為人一旦看過更大的圖景，就不會像過去那樣生活了。

我們很難像艾德加．米切爾那樣去月球旅行，但我們可以透過大哉問，讓自己的心看到更大的圖景。在科學家史蒂芬．霍金（Stephen Hawking）的著作《霍金大見解：留給世人的十個大哉問與解答》（*Brief Answers to the Big Questions*），第一篇文章就叫〈為什麼我們必須提出大哉問？〉霍金的理由很簡單：「當我們從太空回望地球，我們將人類自身視為一個整體。我們看到了統一，而不是分裂。就是這樣簡單的圖景，它傳遞出撼人的訊息：一個人類，一個星球。」

霍金的意思是，當我們提出大哉問時，就不再是孤立的個體，而是融入到整個人類和宇宙之中。我們每一個人不過是人類的一個部分，宇宙的一個元素。霍金提出的大哉問，包括：上帝存在嗎？一切如何開始？宇宙中存在其他智慧生命嗎？我們能預測未來嗎？黑洞中是什麼？時間旅行可能嗎？我們能在地球上存活嗎？我們應該去太空殖民嗎？人工智慧會不會超越我們？我們如何塑造未來？

霍金的問題，好像和我們的實際生活沒有什麼關係。但在我看來，關注這些問題，會訓練我們養成「破圈」的思維方式。所謂「破圈」的思維方式，就是當我們在思考問題的時候，跳出原有的格局，從一個更大的視角去觀察、去思考。比如，婚姻的問題很難在婚姻內部解決，跳出婚姻來看待婚姻，婚姻的問題可能就不是一個問題；公司的問題也很難在公司內部解決，跳出公司來看待公司，公司的問題可能就不是一個問題；社會的問題很難在社會內部解決，跳出社會來看待社會，社會的問題可能就不是一個問題；人類的問題很難在人類內部解決，跳出人類來看待人類，人類的問題可能就不是一個問題。這是一種遞進式的思考方法。

日常生活裡，我們可以經常問自己三個問題，幫助我們不再困在某個環境裡，擁有更廣闊的視野和人生。

## 第一，人類是從哪裡來的？

這個問題就算你查遍所有的科學、宗教、哲學類書籍，都不會得到確切的答案。如果說，人類從猿猴進化而來，猿猴從細胞進化而來，那細胞又是從哪而來呢？假如從宇宙大爆炸而來，那麼，宇宙大爆炸之前從哪而來呢？又如果說，是上帝創造了人類，那麼，上帝又是從哪來的呢？最初的最初，好像不可知。所以，這個問題引導我們進行對本源的認知，同時可以讓我們感知到任何事物都有源流，不是憑空而來。這個世界上沒有無緣無故的事，也沒有孤立的、偶然的存在，沒有孤立的人，也沒有孤立的國家，沒有孤立的星球，也沒有孤立的宇宙，而是相互之間彼此連結、變幻莫測。

當我們試圖從源頭去尋找的時候，即使最初的最初不可知，但也總能看清當下的一些事。

## 第二，時間到底是什麼？

這個問題也沒有什麼答案。但時間對於我們而言，是一個根本性的存在，或者說，是我們存在的一個最基本維度，是最大的奧祕。我們在時間之中，或者，時間在我們之中。誰知道呢？物理學家卡洛．羅威利（Carlo Rovelli）說：「時間之謎一直困擾著我們，激發強烈的情緒，滋養了許多哲學和宗教。」當然，包括愛因斯坦在內的很多物理學家都認為時間是虛構的，並不真正存在，這種說法確實為我們帶來一種解放的感覺。

**第三，一百年後這個世界會怎麼樣？**

這個問題當然也沒有答案。但會讓我們擺脫現實的困擾，一旦想到一百年後的世界，現在的很多難題，會變得簡單，會得到某種療癒。當然，這個問題還有實際的作用，就是對未來趨勢的觀察和評估，這是向未來提問，不會有確切的答案，但是會讓你的心向未來敞開。一旦你的心向未來敞開，你的未來便會出現意想不到的收穫。

# 第四章：心理

你的心要保持一種覺知，不要讓外界的任何東西，也不要讓你頭腦裡的任何東西，把你的心帶走。這個世界上什麼也留不住，但你可以留住你的心。

# 寫在前面

那麼，思維方式的背後，是什麼在發揮作用呢？是感覺、欲望、目標、情緒、意義、天理六種元素所構成的心理系統在發揮作用。感覺是自身和外界產生關聯，欲望形成了人的意志，是一種想要獲得什麼的衝動和能量。目標確定了方向，在為了實現目標而努力的過程裡，會產生情緒的干擾。意義和天理，是為了平衡情緒的干擾，同時也會不斷修正我們的感覺、欲望和目標。從感覺到天理，這六個心理元素並不是一個簡單遞進的過程，而是同時發生、循環往復的複雜運作系統。

# 01／感覺：這是不是錯覺？

感覺可以說是最基本的心理活動，也可以說是生活的基本面。無論你是什麼樣的人，無論你有多高深的智慧，無論你有多少財富，你都無法迴避「感覺」這個基本面，視覺、聽覺、嗅覺、味覺、觸覺，這五種基本感覺，時刻圍繞著你。你只能自己面對和經歷，也只能自己感受，沒有辦法和他人分享，這是一種隱祕的個人化元素。

那麼，什麼是感覺呢？感覺的關鍵是刺激，刺激什麼呢？刺激我們的身心。也就是說，感覺是我們的身心受到刺激之後做出的回應。或者說，感覺是我們的身心和別的什麼東西發生關聯之後產生的初級反應。這種刺激有兩種，第一種是外界的刺激，比如現在，我在寫文章，外面突然狂風暴雨，窗子外的雨水吹進了書房，我的手感受到了雨水，身體感受到了涼颼颼的風，這種外界引起的刺激，可以說是一種觸動。身心和外界只要發生關聯，都會帶來感受。第二種是內部的刺激，比如，我在寫文章，突然想起明天要付房租了，但我卻沒有錢，心情一下子就變得很沮喪。這種內部引起的刺激，可以說是一種想像。

想像和觸動，是一切心理活動的開始。「想」這個漢字，上面一是個相貌的「相」字，下面一個「心」字，意思是這個形象不是來自當下看到的事物，而是從心中冒出來的事物，是無中生有。但真的是無中生有嗎？並不是。其實，這些冒出來的想像，來自於自我的潛意識還有情結，它只是沉澱在我們的心裡，平時沒有覺察，但有時會突然冒出來。夜晚做夢，白天想像，就是它們常冒出來的形態。

想像是我們對於現實的重組，把現實納入我們自己的體系。有時候，想像就是一種直覺，直接從潛意識和心裡冒出來，沒有任何外在和邏輯的依據，卻帶來某種深刻的真相。對想像的觀察，是在練習對直覺的挖掘和運用。

我們需要辨別兩種想像，一種想像是幻想，幻想是對現實的扭曲，是為了逃避現實，虛構了另外一個現實，讓自己躲在那裡，就是所謂的白日夢。比如，一個窮人總是幻想自己得到了什麼法術，可以想要什麼就要什麼，或者，突然有一天出現一位貴人來幫助自己。總之，他總幻想著奇蹟出現，讓自己的生活得到根本改變。一個人如果總是沉迷於幻想，會漸漸和現實脫離，這也是精神病很重要的緣由。另一種想像是夢想，夢想雖然也是對現實的扭曲，卻是一種正向的扭曲，表達的是想讓現實變得更美好的願望。歌手約翰．藍儂（John Lennon）有一首特別有名的歌叫〈想像〉（Imagine），講的就是夢想，最後一段歌詞是：想像一下所有的人們，分享著同一個地球。你可以譏笑我的夢想，做夢的我並不孤獨。有一天你會跟我一起，讓世界擁有同一個夢想。

觸動發生的過程，首先是收集資訊，資訊進入感受器後會形成能量，然後是轉換，把形成的能量轉換為神經衝動，這是產生感覺最關鍵的一個環節。接著是把資訊傳到大腦皮層，對資訊進行選擇加工。最後是在大腦皮層的中樞區域，把被選擇的資訊轉化為強度不同的感覺。具體地說，眼睛和所看到的物體一旦相遇，就會引起感覺；耳朵和所聽到的聲音一旦相遇，就會引起感覺；鼻子和所聞到的氣味一旦相遇，就會引起感覺；舌頭和所品味到的味道一旦相遇，就會引起感覺；身體和所接觸到的事物一旦相遇，就會引起感覺。

有一種觸動是我們忽略的，就是我們身體內部的蠕動也會觸動我們的神經，產生感覺。我們可以經常感覺一下自己的身體內部，體會一下會有什麼感受。一般而言，所有的疾病，都是細菌或病毒在活動的結果；如果深入觀察，是可以覺察這種內部的細微變化，從而更好地了解我們自己的身體。

感覺的特點在於，一些刺激能夠引起我們的感覺，而另一些不能引起我們的感覺。比如，噪音很容易引起我們的感覺，在安靜的車廂裡，兩個人輕聲細語地交談也能引起我們的感覺。但在嘈雜的街邊，即使有人大聲說話也不會引起我們的感覺。有時候，陌生的東西會引起我們的感覺，但對熟悉的東西往往就視若無睹，麻木了。

由這個特點，帶來了感覺的第二個特點，就是建構性。感覺對於刺激的回應，不是被動的，而是建構的。也就是說，我們只看到我們想看到的，只聽到我們想聽到的……**在感覺中，我們已經把世界、現實過濾了一遍，構成了自己想要的樣子，或者說構成了自己能夠理解的樣子。**

「感覺」被固定在某種本能的反應或慣性裡面，這是它最大的特性。我們不知道自己在感覺，不知道從開始感覺的那一刻，就已經充滿各種我們可以選擇的歧路。但我們一開始就放棄了這種細微的選擇，聽任「感覺」成了一種慣性。這是人生很多問題的開端。感覺的本質，是生機勃勃，是無限的敞開。我很喜歡顧城的一首詩，就叫〈感覺〉：天是灰色的／路是灰色的／樓是灰色的／雨是灰色的／在一片死灰中／走過兩個孩子／一個鮮紅／一個淡綠。

在這首詩中，從視覺上看，一片灰色，連雨都是灰色的，灰色淹沒了一切。雨的聲音，也聽不到了，一片死灰。然後，走過兩個孩子，就有了聲音和動態，一個孩子是鮮紅色的，一個孩子是淡綠色的，一下子，死灰的感覺消失了，感覺又回到了感覺本身，生動、鮮活、明亮。陷入日常生活的生命，也常常陷入一片灰色，需要我們的感覺去喚醒兩個孩子，一個鮮紅，一個淡綠。

感覺的層面我們很少提問。在感覺這個層面，我們忽略了一個問題，那就是：這是不是錯覺？

為了讓感覺保持敏銳，我們可以經常問自己三個問題：

**第一：我是不是還有夢想？**

夢想這個詞，現在變得有點庸俗，但是，沒有夢想的人生，就好像沒有了翅膀。雖然這個比喻很平庸，但夢想卻讓我們超越平庸。我們應該經常問自己：我是不是還有夢想？這是**在感覺裡種下願望的種子。至於開出什麼花，就交給時間。時間會回答一切**。用「實現」這個動詞來完成夢想，是把夢想貶低成了目標。夢想不是目標，而是一顆種子，一顆帶來無窮力量的種子，會改變我們自己，改變這個世界。

**第二：今天是什麼帶走了我的心？**

這個問題提醒我們，無論遇到多麼開心的事，還是多麼難過的事，都是一種感覺，你的心要保持一種覺知，不要讓外界的任何東西，也不要讓你頭腦裡的任何東西，把你的心帶走。這個世界上什麼也留不住，但你可以留住你的心。但我們常常徒然地執著於那些留不住的東西，而且，我們常常在執著中把自己的心弄丟，忘了心是最寶貴的。如何不讓我們的心被帶走呢？最簡單的方法就是呼吸。每當有情緒干擾，就回到呼吸，專注於呼吸。久而久之，改變就會發生。

**第三：這是不是錯覺？**

這個問題是在提醒我們，感覺常常是錯覺。現代心理學大量的實驗表明，感覺階段我們感受到的，往往不是客觀的現實，而是錯覺的現實。甚至可以說，日常生活就是由錯覺組成的。比如，我們每天看到太陽出來了，太陽下山了，其實是位置錯覺。如果我們的感覺是一種錯覺，為什麼要受它困擾呢？

## 02／欲望：是欲望還是需求？

### 什麼是欲望？

接著來討論第二個心理元素：欲望。當我們安靜下來，回到呼吸，感受一下：欲望是什麼？我們在前面所講的感覺，指的是身心受到刺激後發生感應。欲望比感覺更進了一步，對於刺激產生了喜歡、意志。看到長相好看的人，我們感覺對方很美，我們的內心感到愉悅，這些只是感覺；如果我們想要和對方約會，想要去追求對方，這就是欲望。當我們的心裡冒出一個和成功有關的念頭，假如只是一個念頭，那麼，這只是感覺，但假如想要去賺錢，獲得成功，那麼，這就是欲望。

安靜下來，仔細觀察，每時每刻，我們都會產生欲望，想要去吃江浙菜，想要減肥，想要買蘋果電腦，想要向某人表達愛慕之情，想要去巴黎，想要去爬山，想要成為網紅……

人類最基本的欲望有兩種：性欲和食欲。這兩種欲望都是人類得以延續的動力，所以，古人說：「食色，性也。」對食物的欲望和對性的欲望，是人的本能。以這兩種欲望為核心，人類在精神和物質層面，延展出各式各樣、幾乎無窮無盡的欲望。

社會心理學家亞伯拉罕．馬斯洛（Abraham Maslow）的「需求層次理論」相當廣為人知。按照馬斯洛的劃分，人有五個需求層次：生理需求、安全需求，社交需要、尊重需求和自我實現需求。這裡的「需求」可以看作「欲望」的同義表達，也可以換個說法，馬斯洛這裡用的「需求」，包含了「需求」和「欲望」兩種涵義，也可以說，「欲望」這個詞在使用中，也包含了「需求」和「欲望」兩種涵義。

生理層面的需求，主要指人的一生，需要食物、性、空氣、水等能維持基本生命運轉的資源；安全層面的需求，主要指人的一生需要穩定、安全的環境，需要受到保護、有秩序、免除恐懼和焦慮等；社交層面的需求，主要指人的一生需要歸屬感和愛；尊重層面的需求，主要指人的一生需要尊嚴、成就，也包括需要尊重他人的名譽、地位；自我實現層面的需求，指的是人的一生需要實現自我的能力和價值。後來，馬斯洛在此基礎之上又增加了「認知需求」和「審美需求」。

但不管怎麼細分，欲望的本質不會改變。欲望的本質是對象成為需要得到的焦點，是不是能夠得到這個焦點，是不是能夠滿足欲望，成為人是否快樂、幸福最重要的、幾乎是唯一的指標。某種意義上來說，人活著不過是為了滿足各種欲望。仔細想一想，無論我們做什麼，都是為了滿足某種欲望。你可能會說，不是吧，有時候我們做的事情並不是為了達到某個目的，比如，發呆。但發呆也是滿足我們的欲望，什麼欲望呢？打發時間或者是想避開人群自己安靜地待著的欲望。所以，人生的河流，不過就是欲望的河流。

欲望的本質帶來兩個問題，第一，在為了得到對象的過程裡，我們成了對象的奴隸。用更專業一點的詞語說，這種狀態叫作異化。古人用「心為形役，塵世馬牛；身被名牽，樊籠雞鶩」來形容這種狀態，大意是，如果對物質和名聲的欲望支配了我們的身心，那麼，我們就像在塵世奔波的牛馬和被關在樊籠裡的雞鴨一樣。實現欲望本來是為了快樂，但往往帶來失去自由的痛苦，人變成了工具。第二，欲望滿足之後，我們應該感到快樂，但欲望是一個很奇怪的東西，滿足了當下的欲望之後，一定會有新的欲望。所以，當欲望得不到滿足時，我們會感到痛苦，當欲望得到滿足後，我們還是會感到痛苦，這種痛苦裡還多了一絲空虛。

因為這兩個問題，「如何滿足欲望」的問題又延展出「如何處理欲望」，確切地說，是「如何平衡欲望」的問題。極端的做法有兩種，一種是縱欲，不斷地去滿足欲望，透過「滿足」解決欲望，形成一種享樂主義的人生態度。今朝有酒今朝醉，「持杯月下花前醉，休問榮枯事！」但縱欲帶來的是更多的煩惱。另一種是禁欲，很多宗教都不同程度地信奉禁欲，完全克制欲望，但禁欲帶來的是壓抑。如果我們不能理解欲望，就永遠不能從桎梏和恐懼中解脫出來。

## 是欲望還是需求？

真正的解決之道，是走中間道路。關於欲望，真正的問題只有一個，就是當我們要去滿足欲望的時候，問問自己：**這是欲望還是需求？**這個問題把欲望做了區分，一種是需求性的欲望，不妨叫「需要」，另一種是想像性的欲望，不妨叫「想要」。當我們「要」什麼的時候，問問自己：是「需要」，還是「想要」？

什麼是「需要」？餓了，要吃飯，這是基本生理需求，是「需要」。什麼叫「想要」？嘴巴饞了，想要吃美食，這是「想要」，而不是「需要」。餓了，當然要吃，要滿足維持生命的基本需求。嘴巴饞了，挖空心思去找各種美食，滿足自己的口欲，就不是必需。這是區別「需要」和「想要」的第一種方法。

第二種區分的方法，是以社會標準和自己內心作為標竿。當我「要」的時候，問問自己：**這是社會要求我的，還是我自己內心要求我的？**我還在大學工作的時候，放棄了很多評選，這類評選可以讓我獲得某些計畫，獲得某種榮譽。我為什麼要放棄呢？因為我覺得自己已經在大學任職，目前所得到的一切已經足夠我維持在這個社會中的正常生活，我不應該再去做自己不太喜歡的事。

所以，我每一次都會問自己：這是我自己內心需要的嗎？每一次這樣問的時候，我都會選擇放棄，不斷地放棄，最後連大學的工作都放棄了，完全專注於自己喜歡的事。當我們不斷滿足社會要求我們做的事，很多時候不過是在滿足虛榮心，而**當我們不斷滿足自己內心眞正想要的、喜愛的事，我們才是在不斷實現自己的價值，也才能獲得眞正的成就感和自由。**

第三種區分，是以頭腦和心作為標竿。這種「要」是來自頭腦的欲望，還是來自心靈的追求？當我們喜歡上某個人，問問自己：是多巴胺在發揮作用，還是愛的召喚？頭腦製造的欲望，需要節制；心靈產生的追求，可以去展開。如果我們能夠觀察自己的欲望，弄清楚自己的欲望是什麼，弄清楚這是欲望還是需求？那麼，欲望就很美麗，就像詩人穆旦〈春〉中的詩句：如果你是醒了，推開窗子，看這滿園的欲望多麼美麗。

# 03／目標：你真正想要的是什麼？

## 什麼是目標？

《現代漢語詞典》裡對「目標」這個詞的解釋是這樣的：①射擊、攻擊或尋求的對象；②想要達到的境地或標準。很明顯，目標是緊隨著欲望而來的。欲望一定有對象，當這種對象變成我們設法想要謀取的東西時，它就成了目標。目標是選擇之後的欲望，是你決心去滿足或實現的欲望；確切地說，目標是過濾後的欲望。目標是把欲望轉化為現實的手段。

人的一生，就是一場達標比賽。從小學、中學到大學，一場考試接著一場考試，從我要考及格，到我要考上大學，從我要考上大學，再到畢業後我要找到好工作；當我們走出學校，從科員到科長再到處長，從戀愛到婚姻，從租房子到買房子，從騎自行車到開汽車……一個目標接著一個。在現代社會，表面上看來，幾乎所有人的目標都是一樣的，但在橋水基金創始人瑞．達利歐（Ray Dalio）看來，這些並不是真正的目標。

那麼，什麼是真正的目標呢？是我們真正想要的東西。那什麼是真正想要的東西呢？瑞．達利歐在《原則：生活和工作》（*Principles: Life and Work*）中，提到要把目標和欲望區分開來，他舉了一個例子，如果你的目標是減肥，那麼，總想多吃一點東西的欲望就是一個障礙。達利歐似乎把非理性的欲望排除在真正的目標之外。他還特別提到「把賺錢作為你的目標是沒有意義的，因為金錢並沒有固有的價值，金錢的價值來自它能買到的東西，但金錢並不能買到一切。更聰明的做法是，先確定你真正想要什麼，你真正的目標是什麼，然後想想你為了得到這些目標需要做什麼。金錢只是你需要的東西之一，但當你有了實現你真正想要的東西所需的金錢時，金錢就不再是你唯一需要的東西，也肯定不是最重要的東西」。

他講得很籠統，不太好理解。我在前面的小節裡把欲望和需求做了區分，我們可以重溫一下那個小節，如果我們真正弄清楚了哪些是欲望，哪些是需求，就可以回答達利歐的問題：**我們眞正想要的東西是什麼？我們眞正的目標是什麼？**

一旦我們釐清了真正的目標，人生確實變得很簡單，只要往那個目標走就可以了。瑞．達利歐說，用五個步驟，就可以實現我們的人生願望，「個人進化過程透過五個不同的步驟發生。如果你能把五件事做好，幾乎肯定可以成功：一、有明確的目標。二、找到阻礙你實現這些目標的問題，並且不容忍問題。三、準確診斷問題，找到問題的根源。四、規劃可以解決問題的方案。五、做一切必要的事來踐行這些方案，實現成果。」

有些人很努力，但過得並不愉快，即使獲得一點成功，也很辛苦。問題在哪裡呢？其實在於他們的目標出現了問題，他們往往把考上多好的大學、賺到多少錢、混到多高的職位作為目標，卻忘了真正的問題是：自己真正想要的是什麼？自己真正的目標是什麼？

目標是方向，方向錯了，再努力也沒用。一旦我們確立了真正的目標，那就沒有什麼能夠阻止我們成功。這聽起來雖然很動人，但仍然有問題，因為知道自己真正想要的東西，並不是一件容易的事。但我們可以用最簡單的「死亡覺知法」來確認這一點。假設我們還能活一百年，想一想，我們想做什麼？一直類推到假設我們只能活一天，我們想做什麼？這種訓練，可以有效地幫助我們在短時間內找到自己的人生目標，規劃好自己的一生。

我們還可以從層次的角度更深刻地理解這個概念。明代思想家王陽明小的時候，老師說讀書就是為了考試、當官，但王陽明認為人生的目標是應該做聖賢。但後來隨著年齡的增長，王陽明也認為應該參加科舉考試，也應該要去當官。這裡面有一個層次的問題。我們活在這個世界上，首要目的是生存，所以我們會有很多功利的目標，比如要通過某項考試，找到某份工作，賺到多少錢等。但在王陽明看來，僅僅實現這些功利的目標是不夠的，還應該有價值觀方面的目標：我們想成為一個什麼樣的人。在王陽明看來，當我們確立了這樣一個目標，功利性的目標才是有意義的。

所以，我們在確定目標的時候應該有層次，而不是簡單設定一個單一的目標。大概的脈絡是這樣的：我想成為一個什麼樣的人？我想擁有一種什麼樣的生活方式（一種能夠讓我成為想要成為的那種人的生活方式）？為了實現這一種生活方式，我該如何制定學習目標（建立自己的知識結構）？為了實現這一種生活方式，我需要多少金錢？為了實現這一種生活方式，我該如何設定職業目標？為了實現這一種生活方式，我該如何設定婚姻目標？等等。以這樣的角度去提出目標，比「我真正想要的是什麼」更有操作性。

## 目標的本質

目標的本質，就是以量化的方式激發潛能，達到我們真正想要的。方向和完成，是目標的兩個關鍵字。目標是方向，目標是完成。所以，目標應該是觸及內心深處的，是很感性的，但又必須是可以量化的、可以實現的東西，否則，目標就沒有意義了。簡單歸納來說，最低階的目標，是社會化的目標，或者把「想要」的欲望當作了目標，但這些並不是真正的目標。所以，我們應該經常問自己：我們真正想要的是什麼？而為了回答這個問題，我們應該回到源頭，去弄明白自己想成為一個什麼樣的人。

一旦明白了自己想成為什麼樣的人，我們就把人生的所有關節打通了，即使賺錢這樣的事，其實也是可以作為目標的。所以，關於目標，真正的問題只有一個：**我想成爲一個什麼樣的人？**另一個關於目標的問題是：我完成今天的目標了嗎？再偉大的人生目標，也要靠日積月累的努力才能達成，所以，我們要養成一個習慣，每天檢查一下，是不是完成了今天的目標。

# 04／情緒：當情緒出現，我該怎麼辦？

## 什麼是情緒？

中國古代思想家朱熹說：「性是未動，情是已動，心包含已動未動。」這句話的意思是說，人性有兩個基本，一個叫作性，是不動的，一直就在那裡；一個叫作情，是動態的，一直就在變化。而這兩個基本背後，是心在運作。中國古代有一個叫尹喜的人，說過這麼一句話：「情，波也，心，流也。性，水也。」在這個解釋裡，性就是常態，就像是水，平時是平靜的，而心相當於能夠讓水流動的力量，叫做「心流」，心流發揮作用後，呈現出來的就是情緒，就像水的波浪。

按照達爾文的說法，人類有六種基本情緒：快樂、悲傷、憤怒、恐懼、厭惡、驚奇。佛教認為情緒共分為七種：喜、怒、憂、懼、愛、憎、欲。有時也簡化為五種：苦、樂、憂、喜、舍。而古代有「七情六欲」的說法。《禮記》裡的七情分別是：喜、怒、哀、懼、愛、惡、欲。《禮記》說，這七種情緒，人類不用學，自己就會產生。中醫裡的「七情」指的則是：喜、怒、憂、思、悲、恐、驚，當這七種情緒失調，就會引起疾病。

有些科學主義心理學派，會把情緒歸因於腦部的某些成分，比如，有很長一段時間，人們認為恐懼來自於腦部某個區域的杏仁核，如果一個人腦部的杏核仁受傷，他對恐懼的感受力就會下降。還有些研究認為，一個人之所以犯罪，是因為其腦部的某些組織會引起凶殘的性格。這種理論認為，我們的情緒，乃至我們的行為，其實都是我們體內的「化學方程式」在發揮作用，比如，愛情是虛構的，真正發揮作用的是荷爾蒙。這些理論有一定的實驗依據，同時，也提醒我們，人體自身的器官，會決定我們有什麼情緒和行為。但這種理論會導致一種絕望以及一種藉口，就是情緒是天生的。事實上，更多的實驗表明，情緒不完全受制於腦部的某種成分，導致每個人產生各式各樣情緒的原因很複雜。

越來越多的心理學家相信，情緒並不是天生的，而是我們自己的大腦和文化建構出來的，不能簡單地把情緒看作是一種本能的、天生的對世界的反應。比如，有三個人走在樹林裡，第一個男孩突然發現了一條蛇，按照傳統的情緒理論，這個男孩一定會產生恐懼，這種情緒是由大腦中負責產生恐懼情緒的組織而產生。但事實上，如果這個男孩是學習動物學的，發現這條蛇是沒有毒性的，他就不會恐懼；再比如，如果這個男孩後面有兩個朋友，或者其中有一個他喜歡的人，他會想到，如果我表現得很害怕，會被朋友或喜歡的人瞧不起，那麼他也會表現出平靜的樣子。所以，情緒是我們每一個個體自己創造出來的，如果我們弄清楚這種創造的過程，那麼，情緒是可以控制的。

情緒是天生的還是後天的？這是一個不太容易說得清的問題。但我們可以從常識的角度，來看看是什麼引起了情緒，或者說，為什麼會有情緒。最簡單的說法，人活在世界上，總有欲望，當欲望得到滿足，我們會感到高興，當欲望無法得到滿足，我們會感到不快；我們總想要得到某個東西，得到了，我們感到快樂，得不到，或者得到了又失去了，我們就不快樂。人活在世界上，總是處在一定的自然環境和社會環境裡，環境總是發生著變化，一會兒下雨了，我們好像也跟著陰鬱，一會兒出太陽了，我們好像也跟著快樂；一會兒受到大家歡迎，我們很高興，一會兒受到大家排斥，我們則感到低落。還有很多很多的不確定性，要麼帶來意外驚喜，要麼帶來橫禍。

情緒的背後，是欲望和環境。欲望引起情緒的關鍵，是欲望得到了還是沒得到滿足。環境引起情緒的關鍵，是身處順境還是逆境。然而，就算我們找到了原因，也並不能消除情緒。情緒之所以是情緒，在於只要我們還活著，它就伴隨著我們。

## **當情緒出現，我該怎麼辦？**

關於情緒，對我們普通人而言，只有一個問題：當情緒出現，我該怎麼辦？如果我們要解決這個問題，首先要明白，**其實情緒本身沒有什麼對錯之分，它的特點是「擾亂」，擾亂我們的心。**我們把情緒分成了正面的情緒和負面的情緒。我們將憂鬱、憤怒、焦慮、恐懼定義為負面的情緒。所以，我們經常問：怎麼解決憂鬱？怎麼解決憤怒？怎麼解決恐懼？我們將快樂定義為正面的情緒。但不管是正面還是負面的情緒，都會擾亂我們的心。當我們把情緒做了區分，並且只接受正面的情緒，不接受負面的情緒，我們就陷入了情緒的死循環。事實上，**一旦我們接受情緒，就要接受它的整體。**

當我們問：當情緒來了，我該怎麼辦？意味著不管什麼情緒來了，我都要立刻去管理它、轉化它。任何一種情緒，滯留在心裡，都會是傷害。快樂固然很好，但你一定聽過「樂極生悲」這個成語。反過來，任何一種情緒，如果我們懂得轉化，都可能帶來積極的力量。

比如，焦慮轉化成正面的情緒，就會讓我們對不確定的危險保持警惕，從而幫助我們躲避禍害。比如憤怒，如果因為私欲得不到滿足就憤怒，那麼，就傷害自己；但如果我們出於見義勇為而憤怒，那麼，憤怒也會成為滋養心靈的營養。

關鍵是，回答「當情緒來了，我該怎麼辦」這個問題，不需要去討論，不需要去思辨，你只需要意識到不管什麼情緒，都是一種打擾，都像沒有敲門就走進了你房間的陌生人。但情緒作為一個陌生人，它的奇怪在於，你沒有辦法趕走它，你越去趕它，它就越強大；你也不能因為喜歡而留住它，你越是留住它，它就越會帶來傷害。

**你唯一要做的是把自己轉變成一個觀眾，看著它演戲，演完它自己就走了。這是解決情緒問題的關鍵，你不需要回答，你只需要把自己轉化成觀眾，情緒帶來一**

齣戲劇，你要學會看戲，一旦你學會看戲，情緒就轉化了，不再是一種騷擾。

總之，要解決情緒問題，你只要坐下來，看戲。

# 05／意義：我來到這個世界，有什麼意義？

《現代漢語詞典》裡，「意義」是指：①語言文字或其他信號所表示的內容。②價值、作用。當我們說「人生的意義」、「生命的意義」、「生活的意義」時，這裡所說的意義，更多的是指價值，又含有理由的意思，當我們問「人生有什麼意義」，相當於在問「活著有什麼價值或理由」。意義這個心理元素，相當於人生觀，因為人生觀指的是我們對人生意義的整體看法。而人生觀的背後是世界觀，是我們對世界的整體看法。這往往是一種預設的立場，或者被反覆證明的原則。而人生觀是由價值觀所體現出來的，價值觀指的是我們對具體事物的評價標準。

世界觀、人生觀、價值觀相互作用，讓我們覺得自己的人生或這世上的某些事是有意義的。關於意義，構成的是這麼一個老生常談的問題：**生活（人生、生命）的意義是什麼？**哲學家羅伯特．索羅門（Robert C. Solomon）和哲學教授凱瑟琳．希金斯（Kathleen M. Higgins）共同創作過一本名為《大問題：簡明哲學導論》（*The Big Questions: A Short Introduction to Philosophy*）的著作。在這本著作的〈生活的意義〉這一章裡，他們羅列了四種最常見的生活意義：孩子作為意義、上帝作為意義、來生作為意義、沒有任何意義（荒謬）。然後，他們認為**所謂生活的意義，最終取決於我們如何看待生活**，並且羅列了十六種對生活的看法：

一、生活是一場遊戲。

二、生活是一個故事。

三、生活是一場悲劇。

四、生活是一場喜劇。

五、生活是一個使命。
六、生活是藝術。
七、生活是一場冒險。
八、生活是一種疾病。
九、生活是欲望。
十、生活是涅槃。
十一、生活是利他主義。
十二、生活是榮譽。
十三、生活是學習。
十四、生活是受苦。
十五、生活是一場投資。
十六、生活是各種關係。

然後，他們希望讀者做一個練習：從上面的十六個選擇裡，勾選一個最為認可的看法，根據這個看法，去認真思考生活的意義到底是什麼。生活的意義到底是什麼？這個問題提醒我們，活著，不只是欲望的滿足，不只是目標的實現，不只是情緒的抒發，而是為了某種意義。但這個問題的誤區在於，會讓人以為有一個外在於我們的普遍意義存在，我們只要去找到它，就可以得到生活的意義了。因此，關於人生意義、生活意義、生命意義的討論，常常會變成空談，或者學究式的賣弄知識，對真正的人生，似乎並沒有什麼幫助。

心理學家維克多．弗蘭克（Viktor E. Frankl）敏銳地發現了「生活有什麼意義」這個問題的空泛性，因為「這些任務（也就是生命的意義）在每個人身上，在每時每刻都是不同的，因此不可能對生命的意義作一般的定義。對生命意義的質疑，沒有唯一的答案。生命的意義不是某種含糊的東西，而是非常實在和具體的。它構成人的命運。而每個人的命運都是獨特的」。弗蘭克這句話裡有兩層意思，第一層是，生活並沒有普遍的意義，只有每一個人獨特的意義；第二層是，生活的意義並不是一個抽象的觀念，而是非常具體的，而且體現在每一個當下。

弗蘭克對於「意義」的理解，來自於一段痛苦的經歷。作為猶太人，他曾經被關在奧斯威辛集中營，隨時處於死亡的威脅之下，失去了尊嚴，失去了希望。一九四五年，戰爭結束後，弗蘭克寫了一本名為《向生命說 Yes：弗蘭克從集中營歷劫到意義治療的誕生》（*Man's Search for Meaning*）的書，記錄了他在集中營的經歷，並聞名全世界。

弗蘭克不只是記錄德軍的暴行，他將重點放在集中營裡處於絕境的人們的各種表現，從而讓他思考生命的意義是什麼。他認為，從集中營的經驗表明，人還是有可能選擇自己的行為。「即使在最可怕的心理和生理條件下，人也能夠保持一定的精神自由和意識獨立。一些不可控的力量確實會剝奪人的很多東西，但有一樣東西是不能從人的手中奪取的，那就是最寶貴的自由。人們一直擁有在任何環境中選擇自己的態度和行為方式的自由。」

弗蘭克講到他在集中營親眼見到一個女孩子的死亡，臨死之前，這個女孩對他說：「我感謝命運給了我這麼沉重的打擊……以前的生命讓我糟蹋了，我從沒有認真考慮過精神完美的事。」這個女孩指著窗外的一棵樹說：「這棵樹是我孤獨中唯一的朋友，我常常跟它交談。」弗蘭克懷疑她是不是出現了幻覺，問這個女孩樹和她說了什麼，女孩說：「它對我說，我在這裡，我在這裡，我就是生命，永恆的生命。」這個女孩說的這些話，讓弗蘭克非常震撼，讓他認識到「苦難」的意義，「一旦我們明白了苦難的意義，我們就不再透過無視折磨或心存幻想、虛假樂觀等方式去減少或平復在集中營遭受的苦難」。

弗蘭克又講到，集中營裡有兩個人覺得生活完全沒有指望而想要自殺，但其中一個人有一個兒子在國外等著他，他一想到自己的兒子，就想到自己作為父親的責任，於是放棄了自殺；另一個人是科學家，他想到自己還有一本書沒有寫完，於是也放棄了自殺。由此，弗蘭克提出一個觀點，就是當一個人意識到自己不可取代的獨特性，他就能夠把握生命的意義。也就是說，生命的意義不是外在於我們的某種教條，而是我們自己具有的獨特性。這個獨特性也可以說是我們應該擔負的責任。

由此，他得出了這麼一個著名的推論：**「我們期望生活給予什麼並不重要，重要的是生活對我們有什麼期望。我們不應該再問生活的意義是什麼，而應該像那些每時每刻都被生活質問的人那樣去思考自身。我們的回答不是說與想，而是採取正確的行動。生命最終意味著承擔與接受所有的挑戰，完成自己應該完成的任務這一巨大責任。」**

一九四五年後，弗蘭克成為「意義療法」的倡導者。所謂的「意義療法」，就是「把人看成這樣一種存在：他主要的擔憂是實現某種意義，而不僅僅是滿足欲望和本能，或者是調和本我、自我和超我之間欲望的衝突抑或適應社會和環境，在這一點上，它與心理分析分道揚鑣」。

弗蘭克關於生命意義的思路，把「生活的意義是什麼」轉化成了一個內在的問題，並不是向外尋求一個抽象的意義，而是從自己身上，從自己當下的行動裡，找到自己的責任，找到自己的獨特性，從而創造意義。意義並不是向外尋求而得到的，而是自身的創造，意義不是一個理論的探討，而是內在於我們的一種召喚，有一種等待著我們去完成的潛在意義在召喚我們，遵從我們的內心。

當我們問「人生有什麼意義」時，其實是在向外尋找一個現成的答案，很遺憾，**人生唯一的眞理是，沒有人能夠爲你提供一個現成的答案；但很幸運，人生唯一的眞理是，你的答案就在你自己手裡**。與其苦苦追問「人生有什麼意義」，不如問問自己：我來到這個世界上，有什麼意義？是的，人生的意義、生命的意義、生活的意義，對個人而言，真正的問題只有一個：在這個時刻，我活著，我自身的意義是什麼？這個問題會帶著我們從內心挖掘出自己的獨特性，從而找到活在這個世界上的理由，徹底解決為何而活的問題。

人生的意義，不是外在於我們的概念、口號、格言，不是一個現成的、需要我們去尋找的答案，而是我們自己在解決人生問題的過程中自己創造出來的。所以，我們反覆要問的是：**就在這個時刻，我活著，我自身的意義是什麼？**這個問題本身就是答案：**活著的每一個當下，不論年齡、貧富，我們都可以創造意義。**一旦你去尋找意義，意義就離開你了；你應該在當下就去創造意義。

# 06／天理：如何順應天理？

## 什麼是天理？

天理是中國傳統文化裡的概念，尤其是儒家思想裡的重要概念，由「天」和「理」兩個漢字組成。「天」代表了超越人類的力量，是一個超出了人類理解的造物主式的存在，而「理」是法則的意思。天理，相當於天的運行法則。我用「天理」這個概念，並不是想談論儒家思想，而只是想借用這個概念，討論一種普遍的人類心理現象，當我們體驗到人類的局限性，遇到人類的知識無法解釋的現象，面對不可知力量感到了無奈、無助、甚至恐懼時，常常發出這樣的提問：如何才能得到上天或神靈的保佑？

當我們問「如何才能得到上天或神靈的保佑」時，意味著我們認為可以藉由某種途徑，獲得高於人類的神祕力量的加持，來獲得平安，乃至成功。這是一個祈求性的問題。這種祈求會讓我們意識到人類的局限性，尤其是個體的局限性，從而產生敬畏感，保持必要的謙遜。但是，對這個問題的追問，也容易讓人陷入形式的迷狂，從原始時代的巫術，到今天的求神拜佛，乃至社會上的各種算命、風水之說，都體現了對這種形式的迷戀。一些人的誤區在於，以為透過什麼形式或神通，就可以借助超人類的力量，來改變自己的命運。但這樣做造成的後果是，除了成全各種江湖騙子之外，對我們的人生並沒有什麼幫助。雖然這些形式有時也會讓人得到一點心理慰藉，但大致上來說，是把人引向歧途。

愛因斯坦提供了另一種思路，當我們面對不可知感到無奈、無助時，不是去問「如何才能得到上天保佑」，而是去感受一種叫作「奧祕」的美，在愛因斯坦看來：「奧祕是我們所能擁有最美好的經驗。體驗不到奧祕的人沒有驚訝的感覺，他們無異於行屍走肉，看不清周圍世界。奧祕的經驗產生了宗教。真正的宗教感情便是：我們認識到有某種看不到的東西存在，感覺到那種最深奧的理性和最燦爛的美；在這個意義上，我才是一個具有深摯宗教感情的人。我不相信沒有人類意志的上帝會賞罰自己的創造物。我認為一個人死後靈魂也會隨著消失！我滿足於生命的永恆和現存世界的神奇，並且努力去領悟自然界中顯示出來的理性的一部分，即使只是極小的一部分，我也就心滿意足了。」

愛因斯坦把我們對上天或神靈的敬畏，轉化成了一種「奧祕」體驗。愛因斯坦並不相信上帝，也不相信靈魂，但相信有一種奧祕存在，相信這種奧祕會讓我們感覺到最深奧的理性和最燦爛的美，相信生命的永恆和現存世界的神奇。顯然，愛因斯坦把「如何才能得到上天保佑」轉化為「如何獲得奧祕體驗」的問題。作為科學家的愛因斯坦，相信只要我們意識到有看不見的東西存在，保持無限探索的熱情，生命就會蓬勃生長。

## 如何獲得奧祕體驗？

這個問題對普通人來說也許有點玄，那麼，孔子提供的思路，也許每一個普通人都可以做到。孔子提供了一個什麼思路呢？我們先讀一段《論語》裡的文字：「子畏於匡。曰：『文王既沒，文不在茲乎？天之將喪斯文也，後死者不得與於斯文也。天之未喪斯文也，匡人其如予何？』」這一段文字講的是，孔子有一次經過匡地，因為長相和陽虎有點像，而陽虎曾經對匡地的百姓做了不少壞事，所以，匡地的人看到孔子，以為是陽虎，就把他和學生圍困起來。學生們都很害怕，不知道是怎麼回事，而孔子卻很淡定，對學生說：「既然周文王已經死了，那麼，文化的道統不就在這裡嗎？假如上天不想這個道統傳承下去，那麼，未來的人就不會知道這個道統了。假如上天不想喪失這個道統，那麼，匡人又能把我怎麼樣呢？」

這一段話有三層意思。第一層講的是，有一種文化道統，是由歷代的聖賢一代一代相傳的，起先是由周文王承擔的，周文王去世以後，孔子的出現，就是為了延續這個文化道統。第二層講的是，這種文化道統假如是天意，或者說符合天道，那麼，我對於這種道統承擔責任，就等於在服從上天的旨意。第三層講的是，假如我做的事是天意，人世間的那一點危險就不算什麼，因為上天會保佑我，我有什麼好害怕的呢？

孔子這一段話，開啟了中國人生命意識的第一次偉大覺醒。當我們無奈、無助的時候，不是屈從於現實，也不是屈從於所謂不可知的命運，而是找到上天的旨意，去做符合天道的事情。這一段話，把個體的生命融入到文化的源流裡，更和天道相連結。在《易傳．象傳》裡，孔子說：「天行健，君子以自強不息；地勢坤，君子以厚德載物。」這句話可以說是匡地那一段話的翻版，君子應該像天一樣，一直運行，自強不息，也要像大地一樣深厚寬廣、綿延不絕。孔子在《論語．為政》中說「五十而知天命」，這個「天命」，不是命中注定的宿命，而是上天的旨意。知天命指的是明白了上天的指令。明白了上天的指令，也就明白了自己應該做什麼事情。

孟子進一步解釋「知命」：「莫非命也，順受其正。是故知命者不立乎巖牆之下。盡其道而死者，正命也；桎梏死者，非正命也。」這段話的大意是，人的一切都是命，順應天理而接受的，就是正命，就是我們應該的命運。所以，弄清楚了天命的人，就不會去站在危險的牆壁下。盡力行道而死的人，接受的是原來的命運，犯罪受刑而死的人，接受的不是原來的命運。孟子的這一段描述，更加清晰地表達了儒家的天命觀。命運不是外在世界不可知的一股可怕力量，而是我們內在的一種道德律。我們遭受厄運，不是上天在懲罰我們，恰恰是因為我們自己偏離了天意。一旦人們弄清楚了這種道德律，做自己應該做的事，完全不用擔心、害怕會遇到什麼不幸，反之，上天會眷顧你。

這樣一來，當我們面對無奈、無助時，與其去祈求神靈，還不如回到自身，明白天意、順應天意，反而能夠保全自己。所以，孟子的方法是盡力去發展自己良善的本心，就可以認識到人的本性，認識了人的本性，就會懂得天意；存養人的本心，培養人的本性，這才是順應上天的方法；不管是長壽還是短命，都不懷疑天道，只是一心修正自身等待天命到來。這就是安身立命的法則。後來，王陽明把這種思路簡化為「致良知」，只要我們把自己內在的良知發揮出來，就可以無所不能。什麼是良知呢？王陽明在《傳習錄》中說：「良知是造化的精靈。這些精靈，生天生地，成鬼成帝，皆從此出，真是與物無對（什麼事物都無法與它相比）。人若復得他完完全全，無少虧欠，自不覺手舞足蹈，不知天地間更有何樂可代。」

回到開頭的問題，當我們遇到困難的時候，常常會問：如何才能得到上天或神靈的保佑？這個習慣性的問題，固然會讓我們產生敬畏感，但更多會讓我們成為命運的奴隸。從孔子到王陽明，都把這個問題轉化為：**我如何順應天意去做我應該做的事？**這樣的提問完全超越了宿命這個概念，把有限的生命轉化為無限的、自強不息的自我修練，在這種自我能力和德行的修行中，個體的生命會融入整體的能量，綿綿不絕。

# 第五章：動力

一旦我們找到驅動力，做什麼事情都會順暢。這時，轉化的力量對我們的生命真正開始產生作用。這是一個長期在日常生活裡堅持的過程，然後，某一個時刻，我們的生命像花一樣盛開，在寧靜中滿溢著蓬勃的活力。

# 寫在前面

我們在前面講了六種心理元素，這些元素是由什麼引起的呢？這個問題把我們帶回到人生最基本的存在：我們的身心。

感覺也罷，欲望也罷，目標也罷，情緒也罷，意義也罷，天理也罷，都離不開身心。思維，不論多麼玄妙，都可以追溯到身心。宇宙再大，也不可能離開身心。我們作為一個人活在世界上，唯一真正擁有的是我們自己的身心，但我們在日常生活裡，卻常常忘了身心。

人類的思想、科技，不斷在發展，但至今為止，身心仍然是有奧祕的，充滿不可知。最困難的，是認識我們自己，但最應該努力的，也是認識我們自己。所謂我們自己，可見可感的，有這麼六樣東西，第一是眼睛，第二是耳朵，第三是鼻子，第四是舌頭，第五是身體，第六是大腦神經。這六樣東西，構成了視覺、聽覺、嗅覺、味覺、觸覺、意識、自我、超覺這八種元素，它們結合在一起就成了身心。

人生的全部，都是從這八種元素中產生的，有人把它們比喻為一台電腦，那麼，這台電腦究竟是如何運作的呢？

# 01／視覺：如何在當下安靜地觀看？

## 什麼是視覺？

關於視覺，有三個常見的定義。第一，眼睛與物體形象接觸所生的感覺，是由視網膜上錐狀細胞和柱狀細胞受光波的刺激所引起的反應。第二，光作用於視覺器官，使其感受細胞興奮，其訊息經過視覺神經系統加工後便產生視覺。第三，視覺是眼睛對光線刺激的感應功能。白話來說，視覺就是觀看。藝術評論家約翰．伯格（John Peter Berger）說：「觀看先於言語。兒童先觀看，後辨認，再說話。但是，觀看先於言語，還有另一層意思，正是觀看確立了我們在周圍世界的地位。」

柏拉圖甚至認為「看和聽，是高貴的活動」。我們常說「眼睛是心靈之窗」，可見視覺的重要性。現代科學的數據顯示，人類接收的外界資訊有百分之八十來自視覺的傳達。也就是說，我們以為的世界，很大程度上是我們的眼睛看到的圖景。天空、大地，我們每時每刻都在看到的世界裡，都是眼睛在幫我們看，但我們平時很少注意到眼睛這個器官，也很少會問：為什麼我看得見？

為了回答「為什麼我看得見」這個問題，有位科學家繪製了靈長類動物視覺系統內各腦區相互關聯的地圖。這張地圖上幾乎有上百萬條線，像電腦機房裡密密麻麻的電路板。眼科學家兼腦神經科學家理查・馬斯蘭（Richard Masland）在《眼見為憑》（*We Know It When We See It*）一書裡，提出了「我們如何在人群中識別一張臉」的問題，探討了我們如何看見、如何思考。他用了一系列例如視網膜、神經元、細胞、大腦皮質等專有名詞講述「看見」的過程，總結了視覺系統工作的基本原則。

一、視覺系統並不會中性、無偏地記錄所有輸入，在每一層，它們都會將輸入扭曲，以符合自然環境的規則性。

二、在一些情況下，這些規則性是由基因編碼的，但在更多情況下，這是由神經網路習得的。從最基本的規則性，如對邊緣和線條的敏感，到複雜如面孔，都有神經網路學習的成分。

三、大腦視覺區域之間的主要連接是透過分子誘導而得的，這些分子也是大自然用來引導幼體發育出肝臟和手掌的機制。它們基本上就是幫助神經元找路的化學信號。它們誘導軸突連接到大腦的目標區域，然後幫助它們形成一張視覺世界的大致拓撲地圖。但是對於特定物體的感知－物體識別背後的神經連接，卻是由神經可塑性規則創造的。

一連串的專業術語，會讓人感到很費解，但實際表達的意思，從常識上說很簡單，就是我們之所以能夠看見，並不是僅僅依靠眼睛這個器官，而是依靠一個系統的相互配合，這個系統的驅動來自大腦的運作，而所謂大腦在運作，再深入追究，是意識在發揮作用。但就如同理查．馬斯蘭在《眼見為憑》書中結尾所說的，「我們對意識的直覺沒有抓手，沒有類比，沒有審視問題的立足點，本質上它是主觀的，只包含個人。我擔心意識說到底是不可知的」。他以兩個哲學家的對話為例來解釋這個說法，摩爾（G. E. Moore）曾經問羅素：「我看到一個紅色蘋果時，看到的紅色和你看到的是一樣的嗎？」他說關於這個問題，據他所知，還沒有人給出令人信服的答案。

神經科學家關於視覺的討論，包含了三層意思，第一，視覺的背後是大腦的神經系統在運作；第二，大腦的運作叫意識，是非常個人化的東西；第三，我們之所以能看見，可以去分析，但並沒有確定的答案。接著的問題是：看見了什麼？最簡單的說法，看到的是有質感的東西；唐代著名高僧、唯識宗創始人窺基把眼睛所對應的視覺現象歸納為二十五種，分別為：青、黃、赤、白，長、短、方、圓、粗、細、高、下，若正、不正、光、影、明、暗，雲、煙、塵、霧，迴色，表色，空一顯色。前面四種顏色是基本的顏色，青、黃、赤，對應的是現在我們說的三原色：藍、黃、紅。這幾種顏色可以拼出所有的顏色。白色是綜合色。後面是長、短、方、圓、粗、細、高、下，八種基本形狀。後面若正、不正、光、影、明、暗、雲、霧等，和明暗、清晰度、位置等有關。所以，這二十五種元素，涵蓋了整個視覺系統。也就說，眼睛，更確切地說，視覺，賦予了這個世界色彩、形狀、動靜、空間等有形的、可見的質素，使我們擁有一種很基礎的實在感，覺得這個世界，因為可見而變得實在。由此帶出一個問題：我們看到的這個世界，是不是確定的，還是只是一種幻覺？在西方古代哲學裡，有一個最大的爭論：世界是客觀的還是主觀的？一種看法認為存在著一個客觀的世界，所謂視覺，就是眼睛以及神經系統對於客觀世界的反映；另一種看法認為並沒有客觀的世界存在，一切不過是我們主觀的投射，柏拉圖就認為我們看到的世界，不過是我們心中絕對理念的顯現。關於「世界到底是客觀的還是主觀的」，沒有人能夠給出明確的答案。

這種科學和哲學上的探尋，可以不斷探索下去。但有一點越來越清晰，就是視覺的形成，當然也包括聽覺、嗅覺、味覺、觸覺，首先當然和眼睛、耳朵、鼻子、舌頭、身體這些器官有關聯，但更多的是和大腦裡的神經元、細胞等有更深的關聯；而最深的關聯，還是和心智有關。心智當然和大腦有關，但又超越了大腦。我們重溫一下前面提到過的，歷史學家哈拉瑞關於心智的一個看法：「科學之所以很難解開心智的奧祕，很大程度是因為缺少有效的工具，包括科學家在內，許多人把心智和大腦混為一談，但兩者其實非常不同。大腦是神經元、突觸和生化物組成的實體網路組織，心智則是痛苦、愉快、愛和憤怒等主觀體驗的流動。生物學家認為是大腦產生了心智，但到目前為止，我們仍然無法解釋心智是如何從大腦裡出現的。」

哈拉瑞進一步推論，關於心智，很大程度上只能靠個體自己的觀察，只有自己最清楚自己的心智。如果只有我們自己最清楚自己的心智，那麼，關於視覺，對於個人而言，真正的問題只有一個：

## 如何在當下安靜地觀看？

當我們問：如何在當下安靜地觀看？我們就會經常停下來，觀察一下我們看到了什麼。為什麼看到了這一些，而看不到那一些呢？當我們不斷停頓、不斷觀察，會慢慢覺知到是什麼在影響到我們的觀看。慢慢地，就不會被看到的東西所迷惑，更不會被看到的東西所束縛。

如果現在你身處吵雜的商場或者其他公共場所，可以試一試，以一個觀看者的視角，看著周圍的一切。當你觀看時，你會感覺周圍的嘈雜漸漸消退，一些面影，一些表情，一些色彩和形狀，一些質地，會漸漸清晰。你只需要安靜地看著這些，不要做出評判，如果有情緒的波動，那麼，就觀察情緒的波動，就這樣安靜地觀看周圍，五分鐘後，你會看到以前自己沒有看到的東西，你會感受到以前沒有感受到的東西。這是一個最簡單的「觀看」練習。

當我們問：如何在當下安靜地觀看？意味著我們在做一種努力，希望看得更遠更深，甚至看到視覺之外的視界。我們不妨進行兩個小練習，第一個小練習是坐在椅子上，把眼睛閉起來，這樣持續十分鐘，體會一下在黑暗中能看到什麼；再閉上眼睛，走五分鐘的路，體會一下如何在黑暗中辨別方向。另一個小練習是梳理一下人類有史以來創造了哪些眼睛的延伸物，比如望遠鏡、顯微鏡等，這些工具能夠看多遠、多細微？

當我們問：如何在當下安靜地觀看？其實是在問：是誰在看？日常生活裡，我們看到的都是別人以及外在的事物，所以我們不知不覺就會跟著別人或外在事物奔跑，卻忘了是誰在看，以及別人是如何看我的。李白在〈獨坐敬亭山〉這首詩裡說：「相看兩不厭，只有敬亭山。」現代詩人卞之琳在〈斷章〉中寫道：「你站在橋上看風景，看風景的人在樓上看你。」人和風景，人和人，形成一種相互的觀看，在相互的觀看裡，一是消解了主體和客體之間的界限，二是彼此成為鏡子，更好地觀照自己。

當我們問：如何在當下安靜地觀看？我們就會慢慢體會到觀看的力量，在觀看中，我們看到了世界的豐富性，並且慢慢看到了自己，看到了自己的內心。如果我們都不願意在當下花幾分鐘時間安靜地觀看，又怎麼可能過好這漫長的一生？

# 02／聽覺：如何在當下安靜地聆聽？

## 什麼是聽覺？

什麼是聽覺呢？聽覺是指聲源振動所引起的聲波，透過外耳和中耳組成的傳音系統傳遞到內耳，經內耳的環能作用將聲波的機械能轉變為聽覺神經上的神經衝動，後者傳送到大腦皮層聽覺中樞而產生的主觀感覺。耳朵，是聽覺的感受器官，正常人的耳朵大約可分辨出四十萬種不同的聲音，這些聲音有些小到微弱得只能使耳膜移動氫分子直徑的十分之一。當聲音發出時，周圍的空氣分子產生一連串振動，這些振動就是聲波，從聲源向外傳播。

如何聽見呢？心理學教授理查．葛雷（Richard J. Gerrig）和心理學家菲利浦．金巴多（Philip Zimbardo）在《心理學》（*Psychology and Life*）一書中，描述了聲音被我們聽見要經過的四個階段：第一，空氣中的聲波必須在耳蝸中轉換為流動波，振動的空氣分子進入耳朵，一些聲音進入外耳道，另外一些被外耳或耳廓反射後進入，聲波沿著通道在外耳中傳播直到它到達通道的盡頭，然後鼓膜把聲波傳到中耳，以及包括三塊小骨頭的耳室。第二，流動波導致基底膜的機械振動，耳蝸中的液體使得基底膜以波浪的方式運動。第三，這些振動必須轉換成電脈衝，基底膜的波浪形運動使得與基底膜相連的毛細胞彎曲，這些毛細胞是聽覺系統的感受細胞，當毛細胞彎曲時，它們刺激神經末梢，將基底膜的物理振動轉換為神經活動。第四，電脈衝必須傳入聽皮層，這個階段進入了整個聽覺系統。真正讓我們聽見的，不是耳朵，而是聽覺系統運作的結果。

那麼，我們聽見的是什麼呢？當然是聲音。在「聲音」這個詞中，聲，指的是人的聲音；音，指的是其他的聲音。這是最簡單的聲音分類。人的聲音，最主要的是語言，語言是人類交流的主要工具，因此在獲取語言意義上，尤其在文字沒有發明之前，聽覺顯得特別重要。現代城市的一個問題是噪音汙染，交通、建築工地、工廠等經常會產生噪音，當然，人群聚集的喧譁也會產生噪音。聲音的範圍包羅萬象，從一滴水的聲音，到打雷的聲音；從唱歌的聲音，到交頭接耳的聲音；從市場上的吆喝聲，到牆上的磚頭掉落的聲音；從山間的回音，到早晨公車上的報站聲，我們生活在聲音的海洋裡，而聲音，顯現的是無形。這是和視覺最大的差別，視覺是可見的，但聽覺是不可見的。因此，聲音會激發人更多的想像力。近代作家約瑟夫．艾迪生（Joseph Addison）在散文〈倫敦的叫賣聲〉（*On the Cries of London*）中，寫倫敦街頭叫賣的聲音，從聲音裡描摹出一個城市的鮮活特點。艾狄生將倫敦的聲音分為器樂和聲樂兩大類。器樂包括救火員敲打銅壺或煎鍋、更夫敲木梆、閹豬匠吹號角之類的聲音；聲樂包括賣牛奶的、掃煙囪的、賣煤末的、賣碎玻璃和磚渣的、賣紙片火柴的，還有賣報的、賣青菜蘿蔔的、賣點心的，以及製桶匠、維修匠等在街頭巷尾的叫賣聲。

作者從這些聲音裡，感受到人間的悲歡。他說，「有些商販愛拉長腔」，「這比前面說的那些叫賣聲要更有韻味。特別是製桶匠愛用悶聲，送出他那最後的尾音，不失為具有和諧動人之處。修理匠常用他那悲愴、莊嚴的語調向居民們發問：『有修椅子的沒有？』我每當聽見，總禁不住感到有一種憂鬱情調沁人心脾。——這時，你的記憶會聯想出許許多多類似的哀歌，它們那曲調都是纏綿無力、哀婉動人的」。他又說，「每年，到了該摘黃瓜、收蒔蘿的季節」，那叫賣聲讓他聽了格外高興，「可惜，這種叫賣像夜鶯的歌唱似的，讓人聽不到兩個月就停了」。

有一種八音盒，被認為是包含了所有樂器聲音，也就是說包含了所有的音樂。什麼是八音呢？《三字經》裡說：「匏土革，木石金。絲與竹，乃八音。」古樂器中的笙、竽等屬匏類；塤等屬土類；鼓等屬革類；木魚等屬木類；磬等屬石類；

鐘、鈴等屬金類；琴、瑟等屬絲類；管、簫、笛等屬竹類。匏、土、革、木、石、金、絲、竹是製作樂器時用的原料，所有的樂器都來自這八種原料。佛學裡也有八音的說法，第一是極好音，最好的聲音，讓人越聽越喜歡；第二是柔軟音，聽起來像水一樣柔軟，越聽越覺得美好；第三是合適音，這種聲音很柔和，讓人聽了覺得沒有什麼比這更動聽的了；第四是尊慧音，這種聲音聽起來很尊貴，聲音裡有無量的智慧；第五是不陰音，這種聲音沒有陰陽怪氣，沒有陰陰的感覺；第六是不誤音，這種聲音不會讓人引起誤會；第七是深遠音，這種聲音能夠傳到很遠的地方；第八是不竭音，這種聲音綿延不絕，不會結束。

如何聽見？聽見什麼？這類問題可以無限追溯下去，可以引導我們不斷思考聽覺是如何運作的，以及聽覺為我們帶來了什麼。但對於個人而言，關於聽覺，真正的問題只有一個：

## 如何在當下安靜地聆聽？

當我們問：如何在當下安靜地聆聽？就會經常停下來，安靜地去傾聽周圍的聲音，只是安靜地傾聽，不要做出評判，如果有情緒的波動，那麼，就觀察情緒的波動。就這樣安靜地傾聽周圍，五分鐘後，你會發現聽到以前沒有聽到過的聲音。這是一個簡單的「聆聽」練習。我們可以在生活中養成習慣，經常停頓一下，去感受一下聽到了什麼。問一問自己，為什麼聽到了這些聲音，而聽不到那些聲音呢？不斷停頓、不斷觀察，會慢慢覺知到是什麼在影響到我們的聽，慢慢地，我們就不會被聽到的東西所迷惑，更不被聽到的東西所束縛。當你安靜地聆聽，你就能借助聽覺這個功能聽到很細微的聲音，從聲音裡感受世界的廣大。

可以試一試，在一個喧鬧的街邊，安靜地去傾聽各種聲音。剛開始，你可能會覺得周圍都是難以忍受的噪音，但當你越來越安靜，你會發現，你能分辨出噪音裡各種細微的聲音，也能聽清各種聲音。最後，你會感覺到噪音漸漸消失，在繁華的大街上，你會抵達聲音最美妙的境界：寂靜。也可以試一試，在熱鬧的聚會上，安靜地傾聽每一個人說的話，安靜地感受空氣裡因為說話聲而造成的震動，感受周圍的氣氛。你還可以試一試，在很偏僻的樹林裡，找一個地方坐下，聽流水的聲音，聽風吹過樹葉的聲音，聽鳥叫的聲音，體會一下王維〈鳥鳴澗〉中「人閒桂花落，夜靜春山空，月出驚山鳥，時鳴春澗中」的意境，從聲音裡抵達寂靜。

當我們問：如何在當下安靜地聆聽？意味著我們在做一種努力，希望聽得更遠、更深，甚至聽到聽覺之外的無聲之聲。我們可以做兩個小練習，第一個小練習是坐在椅子上，把眼睛閉起來，維持十分鐘，感受一下自己在黑暗中能聽到什麼。然後，再閉著眼睛走五分鐘的路，體會一下在黑暗中如何以聽覺辨別方向。另一個小練習是梳理一下人類有史以來創造了那些耳朵的延伸物。比如，電話、智慧型手機等，它們最遠能夠聽到多遠？能聽到銀河系之外的聲音嗎？

當我們問：如何在當下安靜地聆聽？這其實是在詢問：是誰在聽？在日常生活裡，我們聽到的都是別人以及外在的事物，不知不覺就會跟著別人或外在事物奔跑，卻忘了是誰在聽，以及別人是如何聽我的。實驗藝術家約翰．凱吉（John Cage），有一次在自己家裡舉行鋼琴演奏會，他一本正經地坐在鋼琴前面，下面的觀眾滿懷期待地等待他演奏，他默默地坐了四分三十三秒，突然站起來宣布演奏到此結束。所有人都覺得他得了精神病，應該去看醫生。而凱吉認為他的目的是讓聽眾真正去聆聽，在這四分三十三秒裡，凱吉聽到了風的聲音、樹葉的聲音，還有臺下觀眾的呼吸聲，甚至交頭接耳的聲音。在他看來：「什麼是我們作曲的目的？不應該有什麼目的。只是為了聲音。不是對無序定規則，也不是對它實施改進，而只是單純地趨近生活本身。我們如果能夠去掉自己的想法和欲望，讓生活走自己的路該有多好。」這首名為〈四分三十三秒〉的無聲樂曲，雖然在當時並不受歡迎，但現在卻成了無聲的名曲。

無獨有偶，唐代佛教最重要的教派禪宗第八代祖師馬祖道一，也做過類似的事情。某天，馬祖道一到了法堂，坐在法座上，弟子等著他講法，但過了很久，他沒有說話。這時候，他的弟子百丈懷海，把他前面用來做禮拜的席子拿走了。馬祖道一馬上站起來，走下了法座。他什麼也沒有說，又好像什麼都說了。在沉默裡，聆聽即表達，表達即聆聽，同時聆聽到外在和內在。

當我們問：如何在當下安靜地聆聽？就會慢慢體會到聆聽的力量，在聆聽中，我們聽到了世界的豐富性，並且慢慢聽到了內心的聲音。如果我們不願意在當下花幾分鐘時間安靜地聆聽，又怎麼可能過好這漫長的一生？

## 03／嗅覺：如何在當下安靜地感受到氣味？

### 什麼是嗅覺？

嗅覺的生理基礎是鼻腔。為什麼鼻子能嗅到氣味？因為有嗅覺系統，即感受氣味的感覺系統。嗅覺最特別之處在於，它是唯一不經過丘腦的感覺。丘腦被認為是身體感覺的中樞，所有的感知都透過它來傳遞訊息到大腦其他區域，從而形成感覺、認知。但嗅覺卻是一個奇妙的例外。嗅覺系統和海馬體由一條高速通道聯繫著，海馬體位於大腦丘腦和內側顳葉之間，屬於大腦的邊緣系統，具有記憶處理和儲存的功能。所以，在所有感覺裡，嗅覺和記憶的關係最為緊密。

聞到的氣味是什麼樣的呢？人可以辨識一萬種以上不同的氣味，但主要的氣味一般認為有七種：樟腦味、麝香味、花草味、乙醚味、薄荷味、辛辣味和腐腥味。唐代著名高僧窺基把氣味分成了六種：「香者，乃鼻之所取，可嗅義故。總有六種，謂：好香、惡香、平等香、俱生香、和合香、變異香也。」這個香，在古代漢語裡是氣味的意思。「好香」和「惡香」可以理解為「好聞的氣味」和「難聞的氣味」，「平等香」可以理解為「無所謂香臭、無所謂好聞或難聞的氣味」。「俱生香」指的是某個東西本來就帶著的氣味，比如橙木本身帶著檀木味，樟木本身有樟木味，這種氣味是與生俱來的，並成了它一個很明顯的特徵，這就叫俱生香。「和合香」指的是幾種不同的東西混合在一起產生的香味，比如現在很多日用品，香皂、洗髮精等，都是好多植物或者化工材料混合在一起製作而成的，也會產生很明顯的氣味。「變異香」指的是某個東西經過變化之後產生的氣味，比如蘋果、桃子在未成熟時沒什麼氣味，但是當它們成熟之後味道就散發出來了，和未成熟時的氣味有所不同，這就是因為變化而產生的氣味；再比如米飯，生的白米蒸熟了以後氣味就不一樣了，這也屬於變異香。氣味的特點在於，第一，氣味和呼吸緊密相連，就像電影《香水》（Perfume）裡的臺詞：人可以在偉大之前、恐懼之前、美麗之前閉上眼睛，可以不傾聽美妙的旋律或誘騙的言辭，卻不能逃避氣味，因為氣味和呼吸同在；第二，氣味和情緒有很緊密的關聯，一些氣味會引發某些情緒，流行的香氛療法利用的就是氣味的這種特點；第三，氣味具有很強烈的記憶性，每一種氣味好像都能帶給我們回憶。

有一個術語叫「普魯斯特效應」，用來表述氣味和記憶之間幾乎同步的關聯。為什麼要以著名作家馬塞爾．普魯斯特（Marcel Proust）的名字來為這種效應命名呢？因為他的作品善於描寫嗅覺記憶。他在長篇小說《追憶似水年華》（À La Recherche Du Temps Perdu）裡，寫了一小塊馬德蓮蛋糕的氣味引發的回憶，堪稱描寫嗅覺記憶的經典片段，普魯斯特在這一段的最後寫道：「唯獨氣味和滋味雖說更脆弱卻更有生命力；雖說更虛幻卻更經久不散，更忠貞不二，它們仍然對依稀往事寄託著回憶、期待和希望，它們以幾乎無從辨認的蛛絲馬跡，堅強不屈地支撐起整座回憶的巨廈。」

《假如給我三天光明》（*Three Days to See*）的作者，失去了視覺和聽覺的海倫・凱勒（Helen Keller）這樣描寫嗅覺：「嗅覺是無所不能的魔法師，能送我們越過數千里，穿過所有往日的時光。果實的芳香使我飄回南方故里，重溫孩提時代在桃子園中的歡樂時光。其他的氣味，瞬息即逝又難以捕捉，卻使我的心房迅速地膨脹，或因憶起悲傷而收縮。當我想到各種氣味時，我的鼻子也充滿各色香氣，喚起了逝去夏日和遠方秋收田野的甜蜜回憶。」

但是，嗅覺在西方古代哲學裡，卻一直受到歧視。古希臘哲學家亞里斯多德（Aristotle）認為視覺和聽覺是高級的，因為它們更多地傳遞了形式，而嗅覺、味覺、觸覺雖然也帶來愉悅，卻是低級的感官感受。哲學家康德和黑格爾（Georg

Wilhelm Friedrich Hegel）都貶低嗅覺和味覺，認為它們不能帶來審美和藝術所需要的智性。而在中國古代，嗅覺不僅有審美作用，還是禪修的途徑，王安石〈梅花〉的「牆角數枝梅，凌寒獨自開。遙知不是雪，為有暗香來」，林逋〈山園小梅・其一〉的「疏影橫斜水清淺，暗香浮動月黃昏」，都以梅花的香氣，烘托了一種迷人的意境。北宋的黃庭堅寫過一組詩，共分為十首，描寫在薰香的香氣裡，人如何變得寧靜，其中有一句「隱幾香一炷，靈臺湛空明」，僅憑焚香一炷，送過鼻孔的氣息，就能讓心靈歸於空明澄澈。

## 如何在當下安靜地感受周圍的氣味？

關於嗅覺，我們可以不斷地從各種角度無限地探討下去，但對於個人而言，真正的問題是：我們如何利用嗅覺來提升自己的生命？這個問題更多是一個行動的問題，因此，可以把它轉化為：我如何在當下安靜地感受周圍的氣味？

當我們問：如何在當下安靜地感受周圍的氣味？我們就會經常停下來，安靜地去感受周圍的氣味，只是安靜地感受，不要做出評判，如果出現情緒的波動，那麼，就觀察情緒的波動。就這樣安靜地用鼻子去聞周圍的氣味，五分鐘後，你會發現聞到了以前沒有聞到的氣味，這是一個關於「聞」的簡易練習。這個練習，能夠幫助我們在生活中養成習慣，經常停頓一下，去感受一下聞到了什麼，為什麼聞到了這些氣味，而聞不到那些氣味呢？不斷停頓、不斷觀察，我們會慢慢覺知是什麼在影響我們的嗅覺。慢慢地，我們就不會被聞到的東西所迷惑，更不會被聞到的東西所束縛。當我們安靜地去聞，我們就能借助嗅覺這個功能聞到很細微的氣味，從氣味裡感受世界的微妙。

你可以試一試，在一個喧鬧的菜市場，安靜地去感受菜市場裡的各種氣味。剛開始，你會覺得這裡混合了各種難聞的氣味，但當你越來越安靜，你會發現，你能慢慢分辨出各種細微的、不同的氣味；最後，你會感覺到各種氣味在漸漸沉澱、消失。你也可以試一試，在熱鬧的聚會上，安靜地感受身邊的氣味，人的氣味、飯菜的氣味、物體的氣味，感受當這些氣味慢慢沉澱，你會感受到什麼。你還可以試一試，在很偏僻的樹林裡，坐下來，感受流水的氣味、樹葉的氣味、草地的氣味，體會蘇軾的詞，「紅杏飄香，柳含煙翠拖輕縷，水邊朱戶。盡卷黃昏雨」，從氣味裡享受日常的詩意。

當我們問：如何在當下安靜地感受周圍的氣味？我們其實是在問：是誰在感受？我們就會關注到負責嗅覺的器官：鼻子，還具有呼吸功能。漢字的「鼻」字的字形很有意思，從自，從畀，「畀」又兼作聲符，「自」是「鼻」的本字，作「自己」用後，另造了「鼻」字。「畀」是給予、付與的意思，合起來表示一呼一吸，自相給予，但我們常常忽略鼻子的呼吸功能，而更關注它的嗅覺功能。當我們安靜地去聞，就會發現我們同時也在呼吸，因為呼吸，才能感受萬千氣味，因為呼吸，才有萬千感受，因為氣味，因為鼻子，我們才能覺察到呼吸獨一無二的重要性。當我們安靜地感受周圍的氣味，安靜地感受周圍的氣息，就會感受到一切的祕密和答案，都在呼吸裡

當我們問：如何在當下安靜地感受周圍的氣味？就會慢慢體會到嗅覺的力量，在聞的過程中，聞到了世界的豐富性，並且在當下就能專注在呼吸上。如果我們都不願意在當下花幾分鐘時間安靜地感受周圍的氣味，不願意安靜地專注於呼吸，又怎麼可能過好這漫長的一生呢？

## 04／味覺：如何在當下安靜地品嘗？

味覺的直接器官是舌頭，味覺感受細胞存在於舌頭表面、軟顎、咽喉和會厭（喉部的活瓣）的上皮組織之中，當然，也和其他感覺一樣，和腦部神經有深刻的連結，構成一個味覺系統。味覺是透過味蕾獲得的，味蕾集中在舌頭表面，還有一些在上顎。每個味蕾裡大約有一百個味覺細胞，一個成人的口腔裡大約有一萬個味蕾。基本味道一開始有四種，分別是：甜味、鹹味、酸味、苦味。一九〇七年，日本東京帝國大學的研究員池田菊苗發明了味精，一九〇八年，「鮮味」被列入了基本味道之中，基本味道被確認為五種。

唐代高僧窺基把味覺分為十二種類型，分別是：苦、酸、甘、辛、鹹、淡，可意、不可意、俱相違、俱生、和合、變異。「苦、酸、甘、辛、鹹、淡」，這六種味道就是我們經常說的酸甜苦辣鹹，外加了一個「淡」，「可意、不可意、俱相違、俱生、和合、變異」，這六個概念和前面的「氣味」比較一致，所謂的「可意味」、「不可意味」和「俱相違味」，就是「喜歡的味道」、「不喜歡的味道」和「無所謂喜歡還是不喜歡的味道」。「俱生味」指的是某個東西本身就帶有這個味道，比如辣椒的「俱生味」是辣，白糖的「俱生味」是甜。「和合味」指的是不同的東西放在一起，發生了物理或化學反應後，就產生了新的味道。比如咖啡裡加了蜂蜜，產生了一種新的味道。最後的「變異味」，指的是某個東西發生變化後產生的味道，比如，水果過熟了之後的味道

味覺最特別之處在於，主體和客體之間距離最為接近。味覺的對象是食物，我們把食物放進嘴巴裡咀嚼，然後食物進入胃部，這是一個很特別的過程，其他的感覺和對象之間，都有一定的距離，對視覺而言，我們所有的東西，是外在於身體

的；對聽覺而言，我們所聽到的聲音，是外在於身體的；對觸覺而言，我們所觸摸到的事物，是外在於身體的；對嗅覺而言，我們所聞到的氣味，是外在於身體的。但嗅覺和味覺重合，當我們吃東西時，味覺和嗅覺往往同時在發生作用。也就是說，嗅覺和味覺重合的那部分，也和主體沒有距離。

學者貢華南把味覺活動的特徵歸納為三點：第一，味覺活動中人與對象之間保持零距離；第二，對象不是以形式呈現，而是以形式被打碎、內在外在合二為一的方式呈現；第三，對象所呈現的性質與人的感受相互融合。並由此推論，相比於古代希臘的視覺中心主義和古代希伯來的聽覺中心主義，中國古代思想是一種味覺中心主義。他認為「味覺思想首先把人從超然的旁觀者扭轉成感應者，以此消弭物我距離，並鬆動以圖像（數即形）為實在的世界觀，將圖像還原回物本身。超越以距離性為基本特徵的視覺思想，特別是視覺思想造成的世界圖像化、人與世界的疏離化等問題，必然回到物我親密接觸與相互感應為基本特徵的味覺思想」。

關於味覺，我們可以從文學、電影中去找到各種對於美味的描寫，也可以從各種角度討論味覺的重要性或意義，但對於普通人而言，如何透過味覺提升我們的生命才是實在的，也就是說，真正的問題只有一個：

## 如何在當下安靜地品嘗？

當我們問：如何在當下安靜地品嘗？就會在吃東西的時候安靜下來，關注到食物本身。食物會讓我們聯想到生命，生命依靠食物得以延續。文明的標誌性事件，是火的發明。火的發明，促進了飲食的改變，人類從吃生食到吃熟食，這是由野蠻向文明進化跨出去的重要一步。食物從單純充飢的東西，演變成有滋味的美味，還延伸出一系列的儀式，在不同的時代，「吃」一直扮演著社交的媒介。食物以及吃這樣一個行為之中，有著生命的祕密，以及文明之河的流淌之聲。

「味」這個字在《說文解字》裡解釋為：「味者，從口，未聲，滋味也。」口的旁邊一個「未」字，《說文解字》解釋為：「未者，木茂盛之象；木茂盈則多果，採而嘗之曰滋味。」可見，早期中國人講到的「味」，是好吃的意思。什麼東西好吃呢？樹上的果實。當我們的嘴裡咀嚼果實的時候，就會很有味道。我們可以吃一個蘋果，慢慢咀嚼，感受一下遙遠的古代，我們的祖先就已經感受到的美妙味道。也可以喝一杯茶，或者一杯咖啡，慢慢感受口腔裡的味道，或者喝一杯白開水，體會一下是什麼味道。

到底什麼是人間美味呢？我們可以細細品味一下蘇東坡的《浣溪沙．細雨斜風作曉寒》這首詞：「細雨斜風作曉寒，淡煙疏柳媚晴灘，入淮清洛漸漫漫，雪沫乳花浮午盞，蓼茸蒿筍試春盤，人間有味是清歡。」想像一下，在一千多年前，早晨的細雨微寒裡，蘇東坡踏上了一段旅程，當天氣漸漸晴朗，河水漸漸開闊，中午時分，他就在野外煮茶，乳白色的泡沫浮在茶杯裡，盤子裡的食物是蓼茸蒿笋。我們能感覺到春天的氣息、水流聲、風吹過樹葉的聲音、樹木花草的氣息、茶的香味、蔘茸蒿笋的氣味，這些組合成感覺的交響樂。在這交響樂之中，蘇東坡感受到了清澈的、淡淡的、歡喜的人間滋味與生活滋味。所謂「人間有味是清歡」，意思是我們品味到了人間的美味，但感到的是像風飄過般的淡淡喜悅。

當我們問：如何在當下安靜地品嘗？我們就會留意舌頭這個器官。除了味覺，舌頭還和說話有關。有一個故事，說是古希臘寓言作家伊索（Aisopos）年輕時，在一戶奴隸主家做奴隸。有一天，奴隸主要他準備最好的酒菜，來款待一些赫赫有名的哲學家。當菜端上來時，賓主發現滿桌子擺的都是各種動物的舌頭，成了一桌「舌頭宴」。奴隸主責問伊索：「我不是叫你準備一桌最好的酒菜嗎？」伊索回答：「在座的都是知識淵博的哲學家，需要靠著舌頭來講述他們高深的學問。對他們來說，我實在想不出還有什麼比舌頭更好的東西了。」大家覺得有理，就高高興興地吃完了宴席。

第二天，奴隸主又要伊索準備一桌差的菜，招待別的客人。宴會開始，端上來的還是各式各樣的舌頭。主人很生氣，問伊索：「昨天說舌頭是最好的菜，怎麼現在又變成差的菜了？」伊索回答：「禍從口出，舌頭會為我們帶來不幸，所以它也是最不好的東西。」

由說話引出人的品味，猶如食物，每一個人都有自己的味道，也叫品味和韻味，說話要有品味，穿衣要有品味，有品味，才會有韻味，有韻味，就會有自然的魅力。當我們當下安靜地去品嘗，並不僅僅是品嘗外在的食物，品味外在的美，也不僅僅是領悟哲學的至高之味，而是向內塑造自己的品味，讓自己變得有韻味。

當我們問：如何在當下安靜地品嘗？就會慢慢體會到味覺的力量，在品嘗中，體味到了世界的豐富性，並且在當下就能意識到生命的源流。如果你都不願意在當下花幾分鐘時間安靜地品嘗一杯茶，喝一杯咖啡，或安靜地吃一頓飯，又怎麼可能過好這漫長的一生呢？

## 05／觸覺：如何在當下安靜地觸摸？

觸覺的器官是身體。身體，廣義的理解，包括眼睛、耳朵、鼻子、舌頭四種器官在內的整個身體；狹義的理解，身體就是驅體、四肢加上內臟。不管是狹義還是廣義，身體帶來的都是觸覺。更重要的是，我們一般人覺得自我的構成就是身體和心靈。我的身體，我的心靈。這是關於「自我」的基本概念。

唐代著名高僧窺基把觸覺分為二十六種，分別是：地、水、火、風，輕、重，澀、滑，緩、急，冷、暖，硬、軟，飢、渴、飽，力、劣，悶、癢、黏，老、病、死、瘦。由這二十六種觸覺，可以延伸出無限的觸覺世界和物質世界，比如，「冷」這個觸覺，可以細分為很多種冷，而引起冷的和身體接觸的外物，可以是冰塊、冷水，也可以是由於生病等原因。現代科學裡的觸覺，一般分為酸、麻、脹、痛、冷、熱、涼、溫八種，和窺基說的有相近，又有不同，觸覺是指分布於全身皮膚上的神經細胞接受來自外界的溫度、濕度、疼痛、壓力、振動等方面的感覺，皮膚觸覺感受器接觸機械刺激產生的感覺，稱為觸覺，皮膚表面散布著觸點，觸點的大小不盡相同，分布不規則，一般情況下指腹最多，其次是頭部，背部和小腿最少，所以指腹的觸覺最靈敏，而小腿和背部的觸覺則比較遲鈍，若用纖細的毛輕觸皮膚表面，只有當某些特殊的點被觸及時，才能引起觸覺。這是常見的關於觸覺的定義。

加拿大學者康斯坦絲．克拉森（Constance Classen）在《最深切的感覺：觸覺文化史》（*The Deepest Sense*）一書中提到：「觸覺位於我們的自我體驗和世界的最深處，然而它卻總是保持緘默，甚至未曾進入歷史之中。」早在十八世紀，哲學家赫爾德（Johann Herder）就批評了西方哲學對於視覺的偏愛，他認為「視覺其實是一個表面的概念。眾所周知，要認識身體、令人愉說的形式、穩固的形狀，唯有求助於觸覺。我們無法透過視覺即刻見到體積、角度和形式，而只是平面、形象和顏色而已。因此，視覺是膚淺的，因為它如此遙遠地外在於我們，而只以微弱的效果作用於我們，彷彿微弱的陽光只留下些許印象，而不是更為親密地、內在地影響我們。最後，由於色彩和事物的數量之多和多樣性，它壓倒我們並無止境地分散我們的注意力。由於以上這些性質，視覺是最冷的感官。但正因如此，它同時也是最人工的、最哲學的感官……視覺透過比較、測量和推論起作用」。按照赫爾德這個論述，觸覺顯然更能帶給我們對於自己以及外在世界的更深認知。

相比於視覺、聽覺、嗅覺、味覺，觸覺的奇特在於：第一，所有的感覺都可以還原為觸覺，離開了舌頭和食物的接觸，不可能有味覺。視覺、聽覺、嗅覺，都可以從觸覺上去理解，視覺是眼睛接觸了形與色之後所產生的，聽覺是耳朵接觸了聲音之後所產生的，嗅覺是鼻子接觸了氣味之後所產生的。第二，即使沒有了視覺、聽覺、嗅覺、味覺，只要還有觸覺，人還是可以活下去，但沒有了觸覺，身體的功能消失了，生命也就消失了。第三，視覺、聽覺、嗅覺、味覺都有專門的器官，即眼睛、耳朵、鼻子、舌頭，但觸覺並沒有固定的某一個器官，一般而言是皮膚，還有手，被認為是典型的觸覺器官，除此之外，毛髮也是很特別的觸覺器官，但事實上，整個身體，甚至包括身體的內部，都是觸覺的媒介。

今天，人們越來越認識到觸覺的獨特意義。觸覺與身心健康息息相關。觸覺的刺激可以促進血液循環，增加皮膚的彈性，改善身體狀態。按摩和觸摸，可以緩解肌肉疼痛，減輕身體的緊張和疲勞。此外，觸覺還能促進神經系統的正常運轉，提高我們的感知和反應能力。研究表明，觸摸和親密的肢體接觸可以釋放身體中的內啡肽和催產素等激素，產生舒適和幸福的感覺，從而改善我們的心理健康。

觸覺在人際關係和情感交流中發揮著重要的作用。透過觸摸，我們能夠表達愛、關懷和支持，建立深厚的人際連結。親密的觸摸可以增進親密關係，加強家庭成員和朋友之間的情感連結。在戀愛關係中，觸摸是表達愛意和親密感的重要方式，它能夠增加情侶之間的親密度和滿足感。觸摸還能夠傳遞安全感和安撫情緒，特別是在嬰兒和小孩的成長過程中，親子之間的觸摸有助於建立安全的依戀關係，促進兒童的發展和健康。

觸覺對於我們認知世界也具有重要的影響。透過觸摸物體，我們能夠獲得直接的知覺體驗，感知物體的形狀、質地、溫度和重量等特徵。觸覺的感知與視覺和聽覺等其他感官相輔相成，幫助我們建立全面的認知模型。觸覺能夠讓我們更加深入地理解事物的本質和特徵，超越表面的外觀和聲音，發現隱藏在事物背後的真相和意義。透過觸摸，我們能夠獲得直觀的知識和體驗，培養我們的直覺和洞察力。

## 如何在當下安靜地觸摸？

現代神經科學、心理學、生理學，不斷地在追問「觸覺是如何發生的」，也不斷地在利用觸覺進行身心療癒，但不管是多麼高深的關於觸覺的理論，不管是多麼玄妙的觸覺療癒法，最終，一定開始於個人對觸覺的感受和體會，所以，對於個人，真正的問題只有一個：如何在當下安靜地觸摸？

當我們問：如何在當下安靜地觸摸？就會意識到自己的身體。我們可以做這樣一個練習，以觸摸的形式去感受，只是感受，從頭到腳感受我們自己的身體。另外一個練習是躺在草地上，用身體和皮膚去感受，感受吹在臉上的風，感受草地的濕潤和蓬勃，感受陽光的溫暖，或者在晚上，去一個陌生的地方，在黑暗的房間或野外，不使用任何照明工具，以觸覺去感知外在的世界，感受一下觸覺如何引導我們找到方向。還可以試試在雨天，當雨點落在身上，我們不要躲避，只是感受雨水，甚至，當某一個外物刺痛我們的身體時，我們不要抗拒（在保證安全的前提下），感受一下皮膚上的疼痛。

當我們問：如何在當下安靜地觸摸？就會意識到自己的身體，並且去感受自己的身體，在感受中，去體會這個身體是誰的，是我的嗎？老子說，如果我沒有這個身體，那麼，就什麼問題也沒有了。而蘇格拉底則說：「所以一個人必須靠理智，在運用心思時，不夾雜視覺，不牽扯其他任何感覺，盡可能接近那每一個事物，才能最完美地做到這一點，是不是？他必須運用純粹的、絕對的理智去發現純粹的、絕對的事物本質，他必須盡可能使自己從眼睛、耳朵，以至整個的肉體游離出去，因為他覺得和肉體結伴會干擾他的靈魂，妨礙他取得真理和智慧。」「當我們還有肉體的時候，當我們的靈魂受肉體的邪惡所汙染的時候，我們永遠無法完全得到我們所要追求的東西：真理。」但問題是，我確實有一個身體，一個讓我感覺到快樂和痛苦的身體；如果我不能接納這個身體，我又如何進入靈魂的狀態呢？由身體，再次進入另一個詞語：生命。如果味覺是因為食物而喚起文明對生命源流的回味，那麼，觸覺是最容易喚起我們生命質感的感覺，因為觸覺，感覺到生命時時刻刻在生長，在躍動，因此，有人把觸覺叫作「生命覺」。

當我們問：如何在當下安靜地觸摸？就會慢慢體會到觸覺的力量，在觸摸中，我們感觸到了世界的豐富性，並且在當下就能意識到生命蓬勃的活力，在當下就能傳遞生命的溫暖，如果我們都不願意在當下花幾分鐘時間安靜地觸摸一張桌子、一朵花，不願意給我們所愛的人一個深情的擁抱，不願意去拍拍那個痛苦的人的肩膀，又怎麼可能過好這漫長的一生呢？

# 06／意識：我如何覺知到我的意識？

## 什麼是意識？

我們之前分析了視覺、聽覺、嗅覺、味覺、觸覺這五種感覺，不知道你有沒有意識到，我用了「意識」這個詞語，意識到什麼呢？就是那五種感覺有一個共同點，單獨透過器官並不會產生感覺，真正產生感覺的，最後都追溯到大腦。沒有大腦的工作，眼睛就無法看到物體，耳朵就無法聽到聲音，鼻子就無法嗅到氣味，舌頭就無法品嘗到味道，身體也就不會有觸覺，因為大腦，整個身體的器官活了起來，能夠對外來的各種刺激和訊息做出反應，形成了各種感覺，也可以說，形成了我們生活的世界。

一切，都是大腦在工作，而大腦所做的工作，一般叫作意識。在聽的過程中，大腦會產生分析、判斷、感受情緒和記憶，籠統地講，這些都可以叫作意識。意識常常是「心智」的同義詞，在東方傳統思想裡，也可以看作「心」的同義詞。

意識可能是我們生活中最熟悉而又最神祕的事物。它可定義為對外部和內部訊息的感知和理解，並與之交互作用的能力。關於「什麼是意識」這個問題，就好像「什麼是心」這個問題一樣，都是最難說清楚的問題，自古以來，圍繞這個問題，一直有無數科學家進行著各種探索，也產生了各種理解，有兩種解釋是最常見的，一是「生理主義」理論，即意識是由大腦神經元的活動產生的。基於這個觀點，科學家藉由觀察大胸的電信號、神經成像等技術，試圖揭示意識的機制和產生方式。二是「經驗主義」理論，即意識是透過感知和體驗形成的。根據這個觀點，我們的意識是由我們對周圍環境的感覺、情感和思維所形成的。

意識的本質和起源仍然是一個未解之謎，但它的存在和作用已成為人類思考和探索的重要方向。而意識的作用是清晰的，意識幫助我們解釋萬事萬物，賦予世界意義和價值。透過意識，我們能夠感知、思考、記憶和體驗，從而對於宇宙和生命有更深入的認識。

那麼，意識有什麼作用呢？在前面篇章提過的《心理學》一書中，界定了意識的三個不同水準：「它們粗略地對應於：一、基本水準，對內部和外部世界的覺知；二、中間水準，對你所覺知的一個反應；三、高級水準，對你自己作為一個有意識的、會思考的個體的覺知。在基本水準上，意識是對你正在知覺和對可知覺的訊息進行反應的覺知。在這個水準上，你逐漸覺知到背景中鐘錶的滴答聲或感到餓了。在第二個水準上，意識依賴於將你從真實客體和現在的事件的局限中解脫出來的符號知識。在這個水準上，你可以思考和操縱不在眼前的客體，想像成新的樣子，並使用它回憶過去或計畫將來。意識的高級水準是自我覺知，認識或覺知個人經歷的事件具有自傳特徵。」

他們又提到意識可以幫助我們生存。一是對你所覺察的和你所注意的範圍進行限制，從而減少刺激輸入的流量，幫你過濾掉多數與你即刻目標和目的無關的訊息。二是幫你完成選擇儲存功能。三是讓你基於過去的知識和對不同後果的想像，來終止和考慮不同的方案。如果沒有這種意識，你也許會在餓的時候，只要看到蘋果，就想把它偷來。

認知科學家丹尼爾．丹尼特（Daniel Dennett）在著作《萬種心靈》（*Kinds Of Minds*）一書裡，提出了四種心智模式，也就是把大腦分成了四種機制。第一層（底層）叫達爾文心智，受本能的驅動，看到蛇會害怕，聽到雜訊會煩躁，是大腦經過長期演化習得的進化範本。第二層叫斯金納心智，在本能的基礎上，利用刺激，而且還可以用代幣進行刺激。這兩層心智是所有動物共有的。第三層是波普爾心智，意味著你在頭腦中對一些事情提前進行測試，這就是人類最重要的能力，對真實的世界予以抽象，並在頭腦中進行預演和測試。第四層是格列高利心智，不再依賴自己的判斷，而是依賴社會習俗的判斷。如果你將波普爾心智比喻成人類大腦模擬真實世界的那台虛擬機器，那麼，格列高利心智這台虛擬機器就不再是人類個體，而是由人類群體製造的了。

丹尼爾．丹尼特把大腦比作一台機器，試圖說明意識是如何產生作用的，或者解釋大腦的運作機制。他在另一本名為《意識的解釋》（*Consciousness Explained*）的書裡，更全面地分析了意識。他在第一章的開頭就引用了一個名為「缸中之腦」的實驗。希拉里．普特南（Hilary Putnam）一九八一年在其著作《理性、真理與歷史》（*Reason, Truth and History*）一書中，提出了一個思想實驗：「一個人（可以假設是你自己）被邪惡科學家施行了手術，他的腦被從身體上切了下來，放進一個盛有維持腦存活營養液的缸中。腦的神經末梢連接在電腦上，這台電腦按照程式向腦傳送訊息，以使其保持一切完全正常的幻覺，對他來說，似乎人、物體、天空還都存在，自身的運動、身體感覺都可以輸入。這個腦還可以被輸入或截取記憶（截取掉大腦手術的記憶，然後輸入他可能經歷的各種環境、日常生活）。他甚至可以被輸入代碼，『感覺』到他自己正在這裡閱讀一段有趣而荒唐的文字。」這個實驗指出了人類意識的困境：我們很難意識到真相是什麼。這很像中國古代莊子的一個寓言，夢到蝴蝶，不知道是蝴蝶在自己的夢裡，還是自己在蝴蝶的夢裡。

丹尼爾．丹尼特說《意識的解釋》一書，將力圖解釋意識，要打破意識的解釋似乎不可能這樣一種觀念魔咒，他用了軟體、虛擬機器、多重草稿、小妖的群魔混戰、換掉劇場、見證者、核心賦義者、虛構物等隱喻和途徑，來解釋意識的運作機制。但通讀完全書，我們會發現，書中並沒有提供關於意識運作的公式，而作者想要表達的是：**意識是被解釋出來的，意識是解釋活動的產物**。

這讓我想起沙特說過的關於簡歷的例子，沙特說每個人的簡歷，看上去都很簡單，但實際上並不簡單，因為每一個環節都是我們自己選擇的結果，而選擇來自對事物的解釋。也就是說，面對各種情況，我們每一天都在做出自己的解釋，然後會做出各種選擇，不同的選擇造就了不同的命運。那麼，解釋又是怎麼來的呢？這樣問下去，又回到了原來的起點：什麼是意識？什麼是心？意識如何作用？心如何作用？這樣的問題，會讓我們陷入一種語言的循環，很難有一個清晰的答案。而這再次提醒我們，意識也罷，心也罷，是非常個人化的，真正要了解其中的祕密，要靠個人去覺知，覺知到我的意識。所以，關鍵的問題在於：

## 如何覺知到我的意識？

這個問題把我們帶回一個原點，為什麼呢？因為想要回答這個問題，首先要回答：我以什麼為工具去覺知我的意識？而當我們問這個問題時，就會發現一個基本的事實，那就是我們來到這個世界，只帶著一副軀體，僅此而已。雖然我們對一切一無所知，但我們能夠確切地覺知到這副軀體，能夠確切地知道這副軀體有眼睛、耳朵、鼻子、舌頭、身體、大腦這六個主要的器官。

雖然我們無法參透這副軀體的所有祕密，但我們能夠確切地知道，我們對自己的認識，以及對世界的認識。我們每時每刻活著的感覺，我們一生作為人活著的意義，都來自這副軀體，也就是說，沒有了這副軀體，一切都無從談起。這副軀體的奇妙之處，在於它藉由大腦產生意識，意識賦予其他器官具有感覺的能力，從而產生了視覺、聽覺、嗅覺、味覺、觸覺等感覺。這副軀體確實很像一台電腦，眼睛、耳朵、鼻子、舌頭、身體很像硬體，腦神經很像軟體。五個硬體加一個軟體，正好是我們所說的身心，它們相互配合，形成了我們的人生。所以，想要解答「我如何覺知到我的意識」這個問題，第一步，我們首先要回到原點，回到最基本的事實：**我唯一擁有的，只是一副像電腦那樣在運轉的軀體，也就是身心，我們必須回到身心，才能開始覺知到意識。**

第二步，當我們認識到身心是由五個硬體和一個軟體所構成，好像電腦一樣在系統化地運作時，「意識」這個軟體就成了一個關鍵點，成了動力性的因數。即使「意識」是一個永恆的謎，但對個人而言，仍然可以做到「意識到意識」。要弄明白「意識到意識」，需要進行一個簡單的梳理。我們剛剛來到這個世界上，對一切都懵懂，我們來到了某個國家或者某個城市，在一個被稱作社會的場域裡生活，一直到死亡。餓了，我們就想要吃飯；睏了，我們就想要睡覺；遇到好事，我們就高興；遇到壞事，我們就憤怒；長大了，我們要讀書、考試、找工作，然後為晉升奮鬥。一切，好像都是與生俱來的，我們就這麼按照本能活著。這些就是意識的第一個階段：本能的階段。我們的想法、情緒和觀點都因我們遇到的情況而產生，一切都是本能，不需要思索。

但某個時刻，我們突然有了反思，就會發現這種所謂的本能，其實並不是本能，並不是我們本來就有的，有些是人類在漫長的進化中習得的，有些是我們在社會化生活中接受的影響。比如，當我們遇到陌生的、不確定的東西，會感到恐懼，這就是原始時代叢林生活留下的印記，這種印記形成了一種恐懼意識，沉澱在我們內心深處。今天我們早已走出了原始叢林，但當我們感到恐懼時，就會馬上陷入恐懼的情緒，恐懼占據了我們的整個意識；但當我們一旦意識到恐懼不是本能，而是一種外來的干擾，那麼，我們對於恐懼意識，就有了意識，我們能意識到恐懼意識，這個時候，覺知就產生了。

再比如，當我們做事情不太順利時，就會有挫敗感，整個人被失敗意識控制，變得萎靡不振；但當我們意識到失敗感不是本能，而是社會生活中的競爭造成了勝利和失敗的分別心，是社會化的產物，是一種外來的干擾，那麼，我們對於失敗感，就有了意識，我們能意識到失敗意識，這個時候，覺知就產生了。

再比如，當一隻蒼蠅或者蚊子，停在了我們的額頭上，我們本能地就會去拍打牠，但對於有打坐經驗或者有冥想經驗的人來說，他們就會知道，拍打的行為不是本能，而是我們的身體在受到了外在刺激後，產生了不舒服的意識，我們因此才有了拍打的行為。如果我們只是感受牠的叮咬，意識到這種「不舒服」，只是一種不舒服，不去做出什麼評判，我們會發現只需要靜靜地待上幾秒鐘，或者幾分鐘，這種不舒服就消失了，這個時候，覺知就產生了

一旦覺知產生，問出這樣的問題，馬上就找到了人生最基本的切入點：如何以意識，或者說以心去帶動身心這個動力系統，讓它按照生命的內在節奏美妙地運轉？一旦我們找到了這個問題，就能馬上回到當下，回到當下的各種感覺，把各種複雜的人生現象還原到基本事實：呼吸和感受。然後，覺知到意識，**一旦我們覺知到意識，覺知到我們的心在如何，我們的人生就會變得可控。**

# 07／自我：如何找到真正的自我？

關於自我，嚴格地說，是自我意識。前面我們已經講過意識，意識透過眼睛、耳朵、鼻子、舌頭、身體、大腦接收外來的訊息，進行分別、判斷，做出回應，在回應中構建人生的一切。一般意識的內容大致分為四種。

第一，外部意識（external awareness）：這是對外部環境和感知訊息的意識。外部意識涉及對周圍環境的感知，包括透過感覺器官（如視覺、聽覺、嗅覺、觸覺和味覺）接收到的訊息。當我們意識到周圍的人、物體、聲音、氣味和觸覺刺激時，我們就展示了外部意識。

第二，內部意識（internal awareness）：這是對內部體驗和個體心理狀態的意識。內部意識涉及我們自身的感受、思考、情緒、意圖、記憶和自我反思等方面。當我們意識到自己的情緒狀態、內心的衝突、思考過程或回憶時，我們就展示了內部意識。

第三，自我意識（self-awareness）：這是對自己作為一個獨立個體的存在和身分的意識。自我意識涉及我們認識自己作為一個獨特的個體，並具有持續性的自我認知。當我們能夠意識到自己的存在、意圖、欲望、信念和價值觀時，我們就展示了自我意識。

第四，知識意識（metacognition）：這是對自己的認知過程和知識狀態的意識。知識意識涉及我們對自己的認知能力、學習和記憶過程的覺察，以及對我們所了解事物的知識和了解程度的意識。當我們能夠意識到自己的知識水準、記憶能力和思維策略時，我們就展示了知識意識。

其中自我意識最為核心，因為自我意識帶來了主體：我。所有的思考、情緒、思想、觀念、行為背後，都有一個「我」，是「我」在吃飯，是「我」在思考，是「我」在高興……

當我們談論如何生活，實際上是在談論「我」應該如何生活。當我們問「如何覺知到我的意識」，核心是「我」的意識，一旦弄清楚「我是誰」，意識的問題就迎刃而解了。根本上，所謂意識，就是「我」的意識，是「我」在意識。所以，認識自我，就是認識核心的動力。那麼，什麼是自我？我們不進行理論的討論，只基於常識對於自我做一個簡單的分析：第一，自我意味著某個身體：我的身體樣貌，是「我」，以及別人能夠感知到的「我」；第二，自我意味著某種心理狀態：我的情緒、想法、思維等，是「我」，以及別人能夠理解到的「我」；第三，自我意味著某種社會身分：我在家庭、公司裡的各種身分，是「我」，以及別人能夠觀察到的「我」。生理的、心理的、社會的。三個層面的「自我」，為我們的自我認識提供了最基礎的依據。

## 如何認識自我？

如何認識自我呢？針對這個問題，心理學、文學、社會學、人類學、醫學等各門學科以及不同的宗教，都給出過不同的理論與解答。但對於我們普通人而言，過分地鑽研這些理論，並沒有多大意義，反而在理論和概念的相互糾纏裡，忘了生活本身的意義。我們應該問問自己：**爲什麼要認識自我？不是爲了認識自我而認識自我，而是希望讓自己變得更好。**認識自我，是為了讓自己變得更好，我們不能偏離這個目標。針對這個目標，如何認識自我呢？如何讓自己變得更好呢？我認為我們應該把握五個關鍵要點。

第一點，認識自我，認清自我的首要原則是要自尊，也就是要自己尊重自己。自尊來自自信，而自信來自自我的覺醒，也就是指我們要意識到自己是一個人，是一個獨立的人。佛陀誕生，來到人間，說的第一句話是：「天上地下，唯我獨尊。」這是個人的覺醒，意味深長。當然，這個自尊不是自大，而是自己首先尊重自己，才能尊重別人，才能獲得別人尊重的意思。自尊，是讓自己變得更好的一個起點。

美國詩人華特．惠特曼（Walt Whitman）寫過一首名為〈自我之歌〉（*Song Of Myself*）的詩歌，裡面寫道，「我歌唱一個人的自身，一個單一的個別的人」、「我是一個人，是一個獨特的人」。這種意識在人類歷史上，就像火光一樣，照亮了無數人黑暗的內心，這是人類黎明的開始。人類在很長時期裡，把自己限制在固定的社會身分中，比如，如果自己是個奴隸，那就一輩子都是奴隸，個人被社會身分所框定，無法改變。當佛陀出現，他說每一個人都能成佛，每一個人都有佛性，這在當時實行種姓制度的印度，是顛覆性的革命。這種說法把人解放了出來。人不再是工具，而是一個獨立的生命，可以選擇自己的方向，決定自己的命運，而這一切，都是從我們意識到自己是一個獨立的人，從自己尊重自己開始的。

當我們討論自我，討論如何認識自我，討論如何讓自己變得更好時，我們首先應當認同一個基本的原則，就是每一個人都是獨立的、平等的人。**我應該成爲一個獨立的人，一個平等地看待其他人、其他生命的人**。這是一個前提。

第二點，自我不是同一的、固定的存在，而是多個「我」之間相互矛盾的存在。比如，想吃甜點的我和為了健康而節食的我；想要墮落的欲望和想要崇高的渴望，都同時存在於我們的身上。精神分析學派創始人、心理學家西格蒙德·佛洛伊德（Sigmund Freud）在其著名的人格結構理論中所說的「本我」、「自我」、「超我」的概念，揭示了這一點。「本我」就是被本能的原始欲望控制的「我」。它遵循的是快樂原則，常常處於意識的深層，不容易被察覺，卻具有巨大的能量，不知不覺地影響著我們的生活。「超我」是由道德感和良心構成的價值體系，遵循的是至善原則。主要的作用是壓制「本我」，以使得「自我」更符合社會倫理和人類理想。「自我」則遵循現實原則，調節「本我」和「超我」之間的矛盾，以合理的方式來滿足「本我」的要求。

因此，壓抑成為一種普遍的心理問題。也因此，**不存在一個完美的自我，我們只能接受不完美的自我，接受相互衝突的多個自我。學會療癒，學會平衡，讓自己變得更好。認識自我，找到更好的自己，就是一個療癒的過程，一個平衡的過程。**

第三點，自我不是一個空洞的存在，而是一個有著不同需求的生命體。社會心理學家亞伯拉罕．馬斯洛的需求理論，講了人類的五種基本需求，也是認識自我的五種角度，第一是生理層面的需求，食物、水、空氣、睡眠、性等；第二是安全層面的需求，穩定，受到保護，免於恐懼和焦慮；第三是社交層面的需求，我們需要和他人建立良好的人際關係；第四，尊重的需求，自尊和希望得到別人尊重；第五，自我實現的需求，我們需要實現自己的能力和潛力。後來在發展過程裡，馬斯洛又加了兩種需求：認知需求和審美需求。認知需求就是好奇心、探索、意義、可預測性等需求；審美需求，則是欣賞和尋找美，超越需求，神祕的經歷、宗教信仰等需求。

**既然是需求，認識自我的過程，就是不斷解決需求的過程，讓自己變得更好，不是靠空談，也不是靠虛幻的情懷，而是靠實實在在的解決需求的能力。自我，應該是一種不斷生長的能力，也就是說，能力才是自我最可依靠的東西。**

第四點，自我不是某種固定的身分或性格，也不是某種固定的能力，而是一種可以不斷超越自己的、無限的能量。《金剛經》裡說：「若菩薩有我相、人相、眾生相、壽者相，即非菩薩。」這句話指出了自我的四個維度。第一，是我們的身心（我相），我們的樣子，以及我們的心理活動，構成了最為人熟悉的自我。第二，是人性（人相），構成更深廣的自我，我們每一個人都沉澱著人性。第三，是生物性（眾生相），構成更深遂的自我，我們每一個人都沉澱著生物性。第四，是時間性（壽者相），構成了更深刻的自我，我們每一個人都沉澱著時間性。

自我不是一個孤立的存在，而是這四種元素因緣聚合的結果，而這種因緣聚合，每時每刻都在變化，所以，**認識自我，是一個不斷覺知因緣變化的過程。同時，讓自己變得更好，是一個不斷跳出原有格局的過程。**我們首先要跳出個體的我，把個體放在人類這個整體裡；然後，要跳出人類這個格局，把人類放在生物這個整體格局裡：然後，要跳出生物這個格局，把生物放在時間這個整體裡；然後，要跳出時間這個格局，把時間放在時間之外（無限）。這是《金剛經》揭示的「讓自己變得更好」的方向：**眞正的自我是「無我」**。

因此，自我是一種不斷跳出來、不斷向上飛翔的過程，或者說，讓自己變得更好，不過是一個做減法的過程，減掉我們內心累積的各種成見、各種情緒，它們來自我們的身體、腦神經、心靈，也來自人性、生物性、時間性。我們之所以感到壓抑，感到疲憊，是因為我們負載了太多的東西，而這些東西，都是經過漫長的積聚，推放在了我們內心，我們需要洗滌，需要清淨。

第五點，在梵文裡，自我是「阿特曼」（atman），這個詞的原義是呼吸、氣息。**生命在一呼一吸之間**。自我即呼吸。如果我們一下子領會不了前面四點，那麼，很簡單，**回到呼吸，當我們深呼吸，從紛亂的現實裡抽身而出，專注於呼吸，我們就踏上了回歸眞正的自我之路**。這是一種最簡單的練習，會引導我們認識自我，讓自己變得更好。

踏上回歸真正的自我之路，意味著存在著一個真正的我，一旦找到一個真正的自我，其他相互衝突的自我就會遠離你，或者轉化為某個音符，配合那個真正的自我，發出生命的和諧之音。

作家赫曼．赫塞（Hermann Hesse）說：「對每個人而言，真正的職責只有一個：找到自我，然後在心中堅守其一生，全心全意，永不停息。所有其他的路都是不完整的，是人的逃避方式，是對大眾理想的懦弱回歸，是隨波逐流，是對內心的恐懼。」

但問題來了，如何才能找到真正的自我呢？想要回答這個問題，首先需要理解什麼是自我認知。自我認知是指對自己思想、情感、價值觀和行為的認知和理解。它涉及對自己的深入思考、反省和觀察。自我認知是一個不斷發展的過程，可以幫助我們更好地了解自己的需求、目標和意願。

自我認知對於找到真正的自我非常重要，它使我們能夠識別並理解自己的優點、缺點、興趣和價值觀。透過自我認知，我們可以更了解自己的激情、願望和目標，從而更加準確地追求自己真正想要的生活。

內省是一種自我觀察和反思的過程。它需要我們放慢節奏，深入思考我們的思想、情感和行為。透過內省，我們可以更深入地了解自己，並找到隱藏在我們內心深處真正的自我。

我們可以藉由一些方法和實踐來進行內省。首先，我們可以找一個安靜的環境，創造一個讓自己感到舒適和放鬆的空間，嘗試冥想或放鬆的練習，這可以幫助我們專注於內在的體驗。其次，我們可以問自己一些關鍵問題，例如：我是誰？我真正想要什麼？我對什麼感到滿意和不滿意？這些問題可以激發我們的思考，幫助我們更了解自己的內心世界，此外，寫日記或記錄自己的想法和感受也是一種很有效的內省方法。透過將我們的思想和感受記錄下來，我們可以更清晰地看到自己思維模式和情緒的變化。這也可以幫助我們在不同的時間段回顧自己的成長和變化。

**找到眞正的自我並不意味著我們需要改變自己來適應他人或社會的期望。反之，它是關於接納和珍視我們眞實自我的課題。**我們每個人都是獨特的，有自己的價值觀、興趣和才能，接納真實的自我需要勇氣和自信。我們需要承認自己的弱點和不完美之處，並且不為此感到羞恥或否定，我們也需要明白自己的需求和願望，並為追求它們而努力。

**當我們接納眞實的自我時，我們會發現自己更加自信和滿足。我們不再試圖迎合他人的期望，而是專注於發展和實現自己的潛力，接納眞實的自我也意味著我們可以建立眞誠和有意義的關係，因爲我們與他人的互動是基於眞實的自己。**

找到真正的自我是一個成長和發展的過程。一旦我們開始認識和接納自己，我們就可以追求我們的目標和意義。

成長需要我們不斷學習和發展。我們可以透過閱讀、學習新的技能、參與培訓和尋求反饋來擴展我們的知識和能力。這種努力有助於我們更了解自己的興趣和激情，並為實現自己的目標提供支援。

追求意義是另一個重要的方面。我們可以透過思考我們的價值觀和信念來發現什麼對我們來說是真正重要的。我們可以問自己：我想為這個世界做出什麼貢獻？我對什麼事情感到熱情和激情？透過追求我們認為有意義的事情，我們可以為自己的生活帶來更大的滿足感和成就感。

最後，**找到眞正的自我是一個持續的過程。我們隨著時間的推移和經歷的變化而發展和成長，我們需要保持開放和靈活的心態，持續地進行自我反思和調整。**

還有一種簡單的方法能夠幫助我們找到真正的自我，我把它叫作聚焦排除法。

一方面，我們可以專注於自己喜歡的事情，專注於自己的興趣和熱愛，不顧一切，以自己的興趣和熱愛作為謀生的方法，將工作和生活完全融為一體。在這個過程裡，真正的自我就會浮現。另一方面，任何時候，不管我是什麼樣的面目，都用一句口訣提醒自己：這不是我。我們需要不斷地否定，不斷地排除。比如，這個教授的身分不是真正的我，這個憂鬱的我不是真正的我。那麼，真正的我在哪裡呢？沒有答案，在不斷的排除之中，我們會融入無限的本源之中。這種方法，一方面讓自我有一個堅固的立足點，另一方面可以幫助我們打破我執，突破自我的界限。

還有一個更簡單的方法，叫「心安理得」，是我經常運用的，就是當我做這件事的時候，特別感覺到踏實，感覺到心安理得，那麼，這個時候表現出來的我，是真正的我；如果做那件事的時候，讓我感到了不安，甚至恐懼，那麼，這個時候表現出來的我，並不是真正的我。我會讓那個讓我安心的「我」不斷成長，而讓那個讓我不安的「我」一點一點地離我遠去。

# 08／超覺：如何喚醒內在的直覺？

意識是一個千古之謎，儘管科學在許多方面對大腦和意識進行了廣泛的研究，但我們仍然沒有完全理解意識是如何產生的，以及它與大腦活動之間的確切關係。儘管我們可以透過觀察腦電圖、核磁共振成像等技術來研究與意識相關的大腦活動，但是這些技術只能提供相關的關聯性訊息，並不能揭示意識的實質。一個主要的問題是如何將物理過程（如神經元的活動）與主觀的體驗連結起來。這被稱為「硬問題」，是由哲學家諾姆．杭士基（Noam Chomsky）所提出的，指的是我們如何解釋為什麼特定的大腦活動會導致特定的主觀體驗，或者為什麼這些物理過程會產生意識。

在我看來，意識的神祕在於兩個方面，第一，有一些意識，是我們意識不到的，但確實存在，而且在深層次發生作用。佛洛伊德用了「潛意識」這個概念來解釋「我們意識不到的意識」，潛意識是指那些被壓抑、忽視或不受控制的心理過程，它們不會直接浮現在意識層面上。潛意識的內容可能包括被抑制的欲望、不受歡迎的情緒、無意識的信念、過去的經歷和記憶等。潛意識的作用在於影響我們的思維、情感和行為，即使我們並沒意識到它們。

佛洛伊德認為，潛意識是由於個體對於某些衝突、痛苦或不可接受的心理內容進行了壓抑而形成的。這些被壓抑的內容可以透過夢境、幻想、口誤、恐懼症狀和其他無意識的行為表現出來。佛洛伊德的精神分析理論認為，藉由揭示和理解潛意識的內容，人們可以解決內心衝突和心理問題，從而實現個體的心理健康。

第二，有些意識是生理學解釋不了的。一般而言，意識具有現實的基礎，即使是潛意識，也大抵是童年時代的記憶沉澱。即使超越了個人的意識，也還是人類的集體記憶，我們可以從人類的文化、歷史當中找到源頭。但有些意識，好像超越了人類，比如關於上天的意識，完全是想像的產物，但這個想像從哪來的呢？說不清。又比如有時候我們會體會到神祕的感應，完全不知道它是怎麼來的。從古到今，一直有宇宙意識的說法，認為在人類意識之外，還有更高維度的意識。科學界關於量子意識的研究，也為我們打開理解意識的另外一扇門。

我借用「超覺」這個概念，來表示一種動力更強大，但我們往往覺察不到的神祕意識。這種意識有時候被稱為直覺，有時被稱為「天理」，有時被稱為「良知」，有時被稱為「量子意識」，有時也被籠統地稱為「心」。不管被稱為什麼，它都意味著一種無法描述的神祕體驗，都意味著一種越界，越過了軀體，甚至越過了宇宙的界限。在物理層面完全無法超越這種界限，但在意識層面是可以實現的。有趣的是，意識層面的超越，往往會帶來物理層面的超越。一個典型的例子是，原有的現實經驗裡並沒有太空船，但一旦意識中出現太空船這種憑空而來的想像，科技真的製作出了太空船，可以把人帶到其他星球。一部科技發明的歷史，就是意識改變物理世界的歷史。近年來，多種關於宇宙、平行宇宙的意識，雖然匪夷所思，卻也讓人大開眼界。

## 什麼是超覺？

這很難解釋，但是它帶給人們一種覺知，讓人們覺知到意識是一個無限的海洋，潛藏著無限的能量與奧祕，就像科幻電影《露西》（Lucy）裡說的，我們可能連百分之零點一都沒有打開，這個意義上，超覺的意識，開啟了永恆的生命之旅。什麼是超覺？就像什麼是心一樣，並不重要，重要的是我們能夠覺知到它的存在，尤其是能夠覺知到它的非凡力量，因此，真正的問題是：如何喚醒它？或者說，如何喚醒我們內在的直覺和內在的生命力？

這個問題意味著一個前提，就是我們的生命，或者我們的意識，常常處於沉睡的狀態，需要我們去喚醒，其實沉睡著的不只是超覺、直覺、良知之類，即使是感覺，也常常是沉睡的。上班路上，看到車窗外的花，好像沒有看到一樣，因為我們心裡塞滿了各種待辦事項，急著要進公司；吃飯的時候，享受不到飯菜的香味，因為心裡塞滿了各式各樣的算計、考量；睡覺的時候，翻來覆去睡不著，想著明天的股票是不是會下跌；甚至當我們在和所愛的人親吻的時候，還想著怎麼樣簽下某個專案……這大概就是很多人的現實生活。我們在生活裡糾纏，把感官的通道也封閉了，感性越來越退化，越來越局促在狹小的圈子裡。

所以，如何喚醒我們內在的直覺和生命力？第一步：**學會放下**。所謂放下，不是把拿著的東西放下，而是**在做一件事情的時候，放下各種念頭，專心做這件事**。上班路上看到花朵，就好好欣賞花的美麗，把公司裡那些亂七八糟的事放下；吃飯的時候，就好好吃飯，把其他雜七雜八的事放下；睡覺的時候，就好好睡覺，把和睡眠無關的事放下；接吻的時候，就好好接吻，把無關的事情放下。**放下，從另一個角度說，是專注，當我們身處某個情景，就專注於當下的情景，專注於當下的感覺，把其他無關的雜念放下。**

當這種放下成為一種習慣，慢慢地，你會發現你的感覺越來越敏銳，你會聽得越來越清晰，看得越來越清晰，越來越清晰地感受各種氣味和味道，慢慢地，你會發現，每一種感覺都可以超越自己，這個時候，就進入喚醒的第二步：**學會運用通感**[3]。通感是一種感覺經驗的特殊現象，其中一個感覺通常引起其他感覺的自動觸發或交叉感知。簡單來說，它是一種感官交叉的感覺現象。通感是一種神經生理學現象，被認為是個體感知系統中的異常連結或交叉啟動導致的。對於通感的人來說，刺激一個感官通常會引發其他感官的感知經驗。例如，當聽到特定的聲音時，他們可能會看到特定的顏色或形狀；或者當嘗試某種食物時，他們可能會聞到特定

---

3 英文為 Synesthesia，又譯為聯覺、聯感、共感覺。

的氣味。通感可以以不同形式出現。最常見的形式是圖像通感（圖形色覺），其中聽覺、視覺和觸覺感知彼此相互交叉。例如，聽到音樂可能會引發對應顏色的視覺感知。還有其他形式的通感，如音樂味覺，聽到音樂會引發對應味道的感知經驗。

詩人運用通感，創造出了「紅杏枝頭春意鬧」、「黃鶴樓中吹玉笛，江城五月落梅花」、「竹外桃花三兩枝，春江水暖鴨先知」等優美的詩句。我們在現實生活裡，體驗到通感，可以為我們的感知世界增添獨特的層次和維度。

通感的能力是可以藉由訓練提升的，比如，可以有意地去觀察周圍的事情，尤其注意留心事物的顏色、形狀、紋理和聲音等細節。努力觀察並記錄你感知到的細節。再比如，有意地改善感官，透過訓練和練習來提升感官的敏感度。例如，可以透過聽音樂來培養音樂感，透過品嘗不同的食物來培養味覺，透過觸摸不同材質的物體來培養觸覺等。定期訓練感官，可以增加對各種刺激的敏感度。再比如，多樣化體驗，嘗試新的體驗和活動可以刺激感官，有助於更好地感知和理解周圍的事物。參觀藝術展覽、品嘗新食物、探索自然等活動可以提供豐富的感官體驗，將你的感官觀察和體驗記錄下來，並進行反思。除此之外，寫日記、繪畫或拍照都是記錄的好方法。回顧這些記錄可以幫助你發現模式和趨勢，並提供改進的機會。

在通感的體驗裡，你會發現一個簡單的事實，你會發現你在看，但常常忘了是眼睛在看，更加忘了其實不是眼睛在看，而是意識在看；你在聽，但常常忘了是耳朵在聽，更加忘了其實不是耳朵在聽，而是意識在聽；你在嗅聞，常常忘了是鼻子在聞，更加忘了是意識在聞；你在品嘗，卻常常忘了是舌頭在品嘗，更忘了是意識在品嘗。一旦你意識到，是意識，尤其是意識裡的自我意識、超覺和我們的身體器官，以及細胞、神經系統一起，調動起視覺、聽覺、嗅覺、味覺、觸覺，以及各種神奇的感覺，像是在演奏感官的交響樂，由這個交響樂，你會進入到第三步：**運用覺知**。

所謂覺知，前面已經分析過，就是意識到意識。一旦我們意識到意識，意識的祕密就會向我們顯現。你會發現意識的第一個祕密：**一切我們以爲理所當然的，其實都不是理所當然的，意識具有一種建構功能，可以一切歸零，重新開始。**我們不假思索的觀念和行為，來自進化而來的所謂本能，以及社會制度造就的各種習俗。一旦我們覺知到意識背後的本能和習俗不是理當如此，也不是本來如此，覺知就把我們帶上了心性覺醒的偉大旅程。

當你覺知到意識，你會發現意識的第二個祕密：**並不存在純粹的主觀和客觀，物質和精神，而是相互交織，難分彼此。**你會發現，幾乎所有的科幻，都變成了現實。而你童年時代的一次創傷經驗，成為一種意識，左右著你幾十年的生活。而你真心的一個發誓，一下子就把你決定要捨棄的東西隔離在外面，遠遠離你而去。同一件事，因為不同的解釋，帶來的是不同的現實。

當你覺知到你可以決定意識，當你覺知到意識和現實之間的相互交織，你就會進入第四步：**運用轉化的力量。我們改變不了世界，也改變不了環境，改變不了很**

**多事情，但我們可以在當下改變自己的念頭，改變自己的感覺，改變自己的思維，改變自己的行爲，一旦改變發生，就會帶來系統的變化**。也就是說，我們改變不了什麼，但我們可以用意識轉化一切。

在學習轉化的過程裡，你會找到三種轉化的驅動力，一種叫興趣和熱愛，一種叫意義，一種叫本來的樣子。興趣和熱愛是初階的，可以把我們的生活轉化成「過自己想過的生活」。意義是中階的，可以把我們的生活轉化成「有使命感的生活」。本來的樣子是高階的，可以把我們的生命轉化成自然法則的節奏。

一旦我們找到這三種驅動力，做什麼事情都會順暢。比如賺錢，假如你只是為了賺錢，賺錢就是一件辛苦的工作；但假如你以自己的熱愛和興趣去賺錢，賺錢就成了一件好玩的事；而假如你帶著使命去賺錢，賺錢就成了一件自然而然的事情；假如你帶著本來的樣子去賺錢，賺錢就不是一件難事。

轉化的力量對於你的生命真正開始產生作用，你就進入了第五步：**用心活著**。

這個階段的特點是自在，和你做的事在同一個頻道，做起來很輕鬆。有一句禪詩可以形容「用心活著」的狀態：「空手把鋤頭，橋流水不流；步行騎水牛，橋流水不流。」

這是生命喚醒的五個階段，是一個長期在日常生活裡堅持的過程，然後，某一個時刻，我們的生命像花一樣盛開，在寧靜中滿溢著蓬勃的活力。

# 第六章：人生解惑包

每一次解惑，都將帶你走出人生困境。

## Q1：很想改變自己的狀況，但不知從何做起？

費勇老師：

您好！我一直很想改變自己的狀況，但不知從何做起，這一點很困擾我。

青春期時，我的臉上長了很多痘痘，這導致原本開朗的我變得自卑又拘謹，整個人從一個很外放的狀態變得很內斂，漸漸地不太愛與人交流，加上高中時期學業加重，我似乎習慣了把很多事憋在心裡，不會與人溝通，只喜歡用文字的形式抒發一下情感。

雖然現在的我早已過了青春期，但這種習慣好像長在了我身上，我不太會與人溝通，一方面似乎很怕別人知道我心中的真實想法，從而看穿我；一方面又很在乎別人對我的看法，怕不被人理解，所以覺得與其這樣，不如就放在心裡，不去說出來。就連和好朋友的相處，我也只願意分享好的事情，那些不好的事，我不願意去傾訴。

遇到不得不溝通的時候，大部分情況下，我只會用文字去表達，如果要把文字的內容說出來，好像就不知道從何說起，不知道該如何去表達。

但是我真的非常想改變這種狀態，想讓自己漸漸地把心打開，活得大方一點，讓自己從封閉的狀態走出來。

從某種方面來說，我有時還很羨慕「潑婦」，雖然這不是什麼好詞，也是另一種極端，但是能盡情地釋放心中所想，不管旁人如何看待的狀態，是我很久都未曾體會過的。

希望您能給我一些建議，謝謝老師。

【答】

這個提問，表達的是自己目前的狀態，是自己覺得有問題，但又不知道如何改變。這是什麼狀態呢？大約就是有點自我封閉，不願意和人交流。然後，你分析原因，認為是青春期臉上長的青春痘，使得自己變得自卑與拘謹，後來雖然青春痘消失，但自卑與拘謹卻成了一種習慣，使得自己越來越不會與人溝通，越來越怕別人知道自己的心思，也很擔心別人的看法。

這裡最大的問題在我看來，是你把因果顛倒了。實際上，導致你自卑和你對別人看法的過度關注，並非是因為青春痘，而是源於你的自卑心，但是你卻把問題聚焦在「青春痘」上。

大多數人在青春期都會長青春痘，這不過是一種自然的生理現象，如果是一個不太在乎別人看法的人，就不會把它當回事。如果是一個很在乎別人看法的人，就會覺得是一個很大的困擾，激發起內心的自卑，影響到整個人生。

因為自卑，導致你對自己的一切都不滿意。你提到自己不愛和人交流，不喜歡向朋友傾訴不好的情緒，喜歡用文字來進行表達等，這些並不是什麼問題。我從小就不太喜歡和人當面溝通，更喜歡用文字來表達。現在還是這樣，一般都是傳文字訊息。有很長一段時間，我甚至很害怕用電話和不太熟的人說話，覺得尷尬，更喜歡傳簡訊溝通。一九九〇年代我讀倪匡寫金庸，才發現金庸居然也同樣不喜歡當面或電話溝通，喜歡用文字來表達。即使你到了他辦公室，他也喜歡寫信給你。比如，倪匡要求加稿費，金庸完全可以當面和他溝通，但金庸洋洋灑灑寫了一封信給倪匡。

從小到大，我也幾乎從來不會向朋友傾訴，尤其是遇到鬱悶的事情，即使是面對少數的親密朋友，我也不會告訴他們。我覺得這些煩惱的事情，只有自己能夠解決，和朋友說了，沒有什麼意思。朋友在一起，就應該開開心心，雲淡風輕。

甚至就連人生中的某些關鍵時刻，比如辭職，或者遇到重大的挫折，我也幾乎不和任何人討論。因為我覺得每一個人的背景、立場不同，很難給出什麼意見。只有自己最清楚自己。比如，辭職那一次，我連家裡人都沒有商量，自己默默思考之後，想明白了，馬上就辭了。

一直以來，我就是這樣。為什麼我從未覺得有什麼問題，而同樣的狀況，在你那裡，就覺得有問題呢？這背後是自卑情結在作怪。

但你沒有覺察到這一點，而是把原因歸結為青春痘。當然，想得更深入些，也許你會發現自己有一種隱藏的恐懼：不敢面對真正的問題，也並沒有真正想要改變自己。你害怕改變，害怕自己承擔責任。你把一切歸因於青春痘，是一種迂迴的逃避。但引發的是更多的混亂，會讓自己陷入一團亂麻之中。

真正的問題並不是青春痘，而是「太在乎別人的看法」以及自卑心理。所以，你要解決的是「如何不在乎別人的看法」以及「如何克服自卑心理」。

你在提問裡講到「從某種方面來說，我有時還很羨慕『潑婦』，雖然這不是什麼好詞，也是另一種極端，但是能盡情地釋放心中所想，不管旁人如何看待的狀態，是我很久都未曾體會過的」，這其實是你無意中提到的一種方法，這對於訓練自己不在乎別人的看法以及克服自卑，可能會有簡單直接的效果。那麼，不妨試一試，在某一個無關緊要的事情上，讓自己表現得像一個「潑婦」，讓別人大吃一驚。或者換一種方式，在某一天，穿一套以前完全不敢穿的衣服，走出去，看看別人的反應。不論你表現多麼怪異，天都不會塌下來。**我們總以爲別人在關注我們，其實並沒有人在關注我們**。這樣一些「出格」的行為，也許會讓你走出封閉狀態。

關於自卑，其實每一個人都有自卑感，這是正常的現象。最重要的是，心理學家阿爾弗雷德·阿德勒（Alfred Adler）有一個洞見：「人類改善自身處境的行為正是源於自卑感。」也就是說，**自卑，被認爲是一種心理障礙，但實際上，它可以成爲我們改變自己處境、讓自己變得更好的動力。**

把自我封閉的狀況歸因於青春痘，好像有點極端，但事實上，在生活裡，這樣的歸因思維到處都是，只要一不留神就會陷入這樣的思維。比如，我們很容易把自己婚姻的不如意，歸因於自己的原生家庭；把自己的失敗，歸因於運氣不好。如果糟糕婚姻的原因是原生家庭，原生家庭是一個既定的事實，我們已經沒有辦法去改變；如果失敗的原因是運氣不好，運氣是一個不確定的東西，我們完全沒有辦法去改變。就好像青青春痘，是青春期正常的生理現象，怎麼去改變呢？**這些早已經過去的過去，不應該滯留在心裡，應該讓它們隨風而去。**

# Q2：想找一個對我好的人為什麼這麼難？

費勇老師：

您好！

我這兩天的心情不太好，思考了三天，冷靜了一天。我今年三十三歲了，但還沒結婚，遇到的對象也都存在著各種問題。當然我自己也有問題，我也想改變。我想找的只是一個能對我好、能感受我情緒的人。我也不知道為什麼這麼難。

【答】

這個提問包含了三個層面的意思：第一，這幾天心情不好，思考了三天；第二，思考了三天，得出的結論是，心情不好，是因為三十三歲了，還沒有結婚；第三，把婚姻理解為是找到一個對自己好、能感受自己情緒的人。然後，問了一個問題：為什麼找一個能對我好、能感受我情緒的人這麼難？

基本事實其實只是：這幾天心情不好。所以，真正的問題是：如何讓自己的心情好起來？要回答這個問題，就必須找到心情不好的原因。在你自己看來，是因為三十三歲還沒有結婚，並進一步歸納為：因為找不到一個能對自己好、能感受自己情緒的人。因此，你提出的問題是：為什麼找一個能對我好、能感受我情緒的人這麼難？這個問題只會使你的心情更加不好。為什麼呢？因為這個問題完全是不可控的，是一種已經形成的現狀，一種已經形成的結果。當我們問「為什麼這麼難」

時，事情就會真的很難。但再難的事，如果你從解決問題的角度出發，都有解決的辦法。

如果我們想真正解決問題，不想讓自己的人生陷入糾纏不清、看不到希望的境地，那麼，我們首先應該回到基本的事實：心情不好。要解決的是：如何讓自己的心情好起來？進一步要問的是：現在我能夠做什麼使心情好起來？這才是當下的真正問題。這個問題會促使你去做些什麼，而不是去思考三天，結果在一個解決不了的問題裡糾纏，陷入一種泥潭。

假如我同意你的說法，心情不好是因為沒有結婚，而結婚需要遇到對自己好的人，所以，你陷在了「為什麼找不到對我好的人」這樣一個問題裡。這時能夠做的，就只有抱怨了。

如果再進一步去思考：為什麼我結不了婚？為什麼我遇不到對我好的人？再進一步，聚焦到：我能夠做什麼，使我順利結婚？我能夠做什麼，使我遇到對我好的人？這些問題就變得可以解決，而且能夠馬上做些什麼，開始自我成長的旅程。當你自己成為一個善解人意的人，你的世界就會發生變化。想讓別人成為善解人意的人，是很難的，但讓自己成為善解人意的人，並不困難，只要你願意就可以，只要你願意馬上就可以開始。

回到基本事實，心情不好，怎麼辦？假如我同意你的說法，心情不好是因為結不了婚，也就是說，結婚會讓我心情好，遇到對我好的人，會讓我心情好。那麼，馬上就去相親，去約會，也比思考三天，苦苦地想著為什麼遇不到對我好的人，更能有效地讓自己心情好起來。

假如我們想更徹底地解決問題，那麼，也可以從另一個角度去思考，對於意識進行清理。想一想，真的是結不了婚讓你心情不好嗎？其實，是你內心的結婚意識讓你煩惱。美國一個心理學家發現，他五十歲後經常感冒，當他在思考為什麼的時候，發現自己長期以來有一種觀念，就是認為五十歲以後的人會經常感冒。當他努力把這種意識清除掉的時候，感冒的次數居然變少了。

真正讓你心情不好的，是「人一定要結婚」這種觀念。不妨反思一下，人一定要結婚的觀念是哪來的？實際上，人並不是一定要結婚的。有些結婚的人過得很幸福，有些不結婚的人過得也很幸福，有些結婚的人過得很煩惱，有些不結婚的人過得也很煩惱。所以，結婚不過是一種社會機制，並不是人生的必需品。還有，結婚不是你一個人能夠控制的，需要隨緣。刻意地為了結婚而去追求結婚，帶來的常常是後悔。不如一個人先好好過，緣分到了自然就會結婚。只有先獨立，活出自己，結婚才有意義。把人生的意義寄託在婚姻，基本上意味著這一生很難過好。婚姻真的不重要。一旦弄清楚了結婚意識，解決心情不好的問題，就變得很容易。

## Q3：喜歡的事情太多了，但精力不夠，怎麼辦？

費勇老師：

您好！

我一直在尋找自我，我遵從著自己的心，找到了很多愛好和喜歡做的事情。但現在的情況是，我喜歡做的事情太多了，而且似乎都能做好，但我的精力不夠，我試圖放棄一些愛好，把精力集中在其中一樣，但總是無法取捨，我非常困擾……因為必須專注才能把一件事做好。我不希望最後變成什麼都會一點，卻又什麼都做不精。但我心裡是真的對很多愛好都有興趣，很喜歡做這些事。我該怎麼做呢？

## 【答】

該怎麼做？答案只有自己知道。但這個問題提得非常好，值得我們討論。我們喜歡做的事情，往往很多，而且好像都能把它們做好，但另一方面，人的精力又確實有限，都做好其實是都沒有做到最好。所以，這位朋友才會產生疑問。

答案其實是明顯的。就是做減法。

如何做減法呢？王陽明曾經和一個朋友討論過這樣的問題。王陽明一開始說：「學貴專。」那個朋友說確實如此，他小時候喜歡下棋，很專注，下得打遍天下沒有對手。但王陽明接著說：「學貴精。」那個朋友又說，確實如此，我稍許年長之後喜歡文學，開始的時候很多文學流派都喜歡，最終歸於漢魏，收穫很大。

王陽明接著說：「學貴正。」那個朋友又說，確實如此，我中年之後喜歡聖賢之道，對於年輕時候的下棋和文學，都不大以為然。因為人的心裝不下那麼多東西。有聖賢之道就可以了。王陽明接著說：「是的。」學習下棋叫作學，學習詩詞文章叫作學，學道也叫作學。但學道和前面的學習，有很大的不同。道，就是大路。對外而言，荊棘叢生，很難走上大路。所以，專注於道，才是真正的專注；精通於道，才是真正精通；假如專注於下棋但不專注於道，那麼這種專注其實是一種上癮；如果精通文學而不精通道，那麼，這種精通其實很小眾，甚至有點怪異。

然後，王陽明說了一段有點玄妙的話：「夫道廣矣大矣，文詞技能於是乎出；而以文詞技能為者，去道遠矣。是故非專不能以精。非精不能以明。非明不能以誠。故曰：『惟精惟一』。精，精也；專，一也。精則明矣，明則誠矣。是故明，精之為也。誠，一之基也。一，天下之大本也。精，天下之大用也。知天地之化育，而況於文詞技能之末乎？」

這一段話裡，包含了三個意思，第一，人只要專注於一件事，就能把這件事情做好。所以，一定要專注。第二，僅僅專注於一件事，精通於一件事，還不是真正的專和精，真正的專和精，是專注和精通於方法論和本源。所以，這個精不完全是精通，還有精粹的意思。第三，我們做事要找到種子，要從內心找到種子，這個種子，就是一，就是天下的本體。

如何才能回到本體呢？要靠誠，就是內心符合天理，不欺騙自己。如何誠呢？要靠明，明白，洞察。如何明呢？要靠精，精粹。如何精呢？要靠專一。

這裡面有一個很關鍵的環節，就是精。精了以後就能明。這個環節，王陽明在其他地方用了鏡子來做比喻，就是我們必須越來越純粹、越來越精確，就像鏡子一樣，只有把鏡子上的塵埃全部去掉，才能照見一切。

我們做什麼事，其實並不是關鍵，關鍵是找到種子。去哪裡找種子呢？回到內心。怎麼樣才能回到內心呢？要精，就是要讓心變得越來越純粹。當心純粹了，那個真正的我出現了，大道也就浮現了。這應該是層次最高的取捨方法了。

## Q4：人類會滅亡嗎？

費勇老師：

您好！

我想和你探討一下：地球會毀滅嗎？人類會滅亡嗎？

## 【答】

這個問題我很喜歡。這類問題把人一下子放到宇宙這個大背景下，這是霍金所說的大哉問。大哉問不在於有沒有答案，而在於它會讓我們從日常平庸的瑣事裡跳出來。我最近在讀社會學家齊格蒙・鮑曼（Zygmunt Bauman）所寫的《廢棄的生命》（*Wasted Lives: Modernity and Its Outcasts*）。這是一本很有趣的書。書的一開始就提到了伊塔羅・卡爾維諾（Italo Calvino）的小說《看不見的城市》（Le Città Invisibili），小說裡有一句令人很難忘的話：「昨天的垃圾堆積在前天的垃圾上，也堆積在過去年年月月的垃圾上。」

鮑曼的書討論經濟進步和全球化所帶來的廢棄物。垃圾，確實好像要占據我們居住的空間，從前的垃圾來自自然，又回歸自然，但現在的工業垃圾，大多不可消解。我們的星球已經滿載。鮑曼多次重複了這句話。

鮑曼由垃圾，想到很多科學家從全球氣候變暖談到人類末日。人類毀滅，在我看來，是必然，原因很簡單：有生必有滅。就像一個個體，出生就意味著死亡，如果你不想死亡，唯一的辦法就是不出生。作為一個物種的人類是這樣，作為一個星球的地球也是如此。而且，人類毀滅的徵兆不僅是全球氣候變暖，還有疾病、病毒，以及水的汙染，等等。

還有我們不太注意的東西，比如垃圾。前年，我在喜馬拉雅山的山腳下，看到了各種垃圾，它們堆在清澈的水流間和草地上，這讓我又想起了卡爾維諾那一句有點悲哀的話。從前看荒誕派戲劇，椅子把舞臺上的人擠走了，隱喻物擠占了人類的空間。現在看來，是垃圾擠占了人類的空間。

不過，最真切的末日徵兆是核子武器。只有人類，才會創造出一種毀滅別人的同時，又毀滅自己，以及自己生存之星球的武器。羅素在一九五〇年代說過，你只要閉上眼睛想一想，與我們睡在一起的，是可以毀滅地球幾次的原子彈，整個世界的歷史就被徹底改變了。

所以，人類的聰明才智造就的所謂文明，很可能會把自己毀滅掉。由此，我們重讀《莊子》，重讀佛經，感到佛陀、莊子這些人實在先知先覺，因為他們早就看透了由欲望引發的文明進步所帶來的後果。想要避免滅亡，必須保持一種「安靜」的狀態，只要你的行為一動，乃至你的心念一動，就肯定趨向滅亡。任何事物，任何制度，一旦產生，就會趨向一種必然。

這一點，《紅樓夢》裡的林黛玉看得很透澈，她不喜歡聚會，原因是有聚肯定有散，既然要散，又何必聚？但是，地球毀滅也罷，人類滅亡也罷，都像我們個體的死亡，不是終結，而是新的開始。即使你不相信輪迴，不相信任何宗教，但你還是不能否認人死後變成塵埃，轉化成了另一種物質，就像霍金說的：「我認為當我們死的時候，我們會回到塵埃。不過在某種意義上我們還繼續活著，在我們的影響中，在我們傳給了孩子的基因中。因此，我們擁有這一生，得以欣賞宇宙的宏偉設計，為此我極度感恩。」

生命本來就是一個奇蹟，生生不息。地球毀滅，人類滅亡，不過是回到了宇宙的虛空，開始了生命的另一種旅程。生命一直在路上，不值得我們擔心，我們唯一要擔心的是，在這樣一個有生一定有滅的地球世界，我們如何走好這一段路，把自己這一生過好。

# Q5：總是抽不出時間怎麼辦？

費勇老師：

您好！

我去年開始就覺得自己應該每天去運動，比如跑步或者健身，但總是抽不出時間，要麼被工作困住，要麼被家務困住，我該怎麼辦呢？

## 【答】

這是一個很普遍的問題，在回答之前，我先講兩個小故事。

第一個故事這樣的：

有兩個朋友離開城市，結伴去旅行。他們無意中到了一座偏僻的島上，這座島像世外桃源那樣美麗，其中一個馬上決定不回城市了，就在這個島上蓋了房子，每天打打魚，看看日出日落。

另一個人回到城裡，忙著去融資，忙著做專案，想要開發這個島。他忙了很多很多年，頭髮禿了，身體發胖了，但是，他終於成為成功的開發商，賺了很多錢。然後，他準備退休，就在海邊買了幢別墅，開始享受人生。

而他的同伴，一開始就享受了人生。

這也許是寓言式的故事，然而，又好像是真實的人生情景。

第二個故事，來自古希臘：

亞歷山大大帝聽說一位名叫第歐根尼的隱者，於是，就悄悄去找他。亞歷山大在某條河邊找到了第歐根尼，發現他光著身子在晒太陽，亞歷山大看到了似乎一無所有的第歐根尼，但他很美、很優雅。

於是，亞歷山大就問：「先生，我能夠為你做些什麼嗎？」

第歐根尼回答：「只要站在旁邊一點，因為你擋住了我的太陽，如此而已，我不再需要什麼了。」

亞歷山大又說：「如果有來世，我將會要求神把我生成第歐根尼。」

第歐根尼笑著說：「不必等到來世，也不必請求神靈，你現在就可以成為第歐根尼。」

他又問亞歷山大：「我看你一直在調動軍隊，要去哪裡呢？為了什麼呢？」

亞歷山大回答：「我要去印度，去征服世界。」

「征服了世界之後你要做什麼？」第歐根尼問。

「然後，我就會休息。」亞歷山大回答。

第歐根尼哈哈大笑：「你完全瘋了。你看我現在就在休息，而我並沒有去征服世界。如果到最後你想要休息和放鬆，為什麼不現在就做？我要告訴你：如果你現在不休息，你就永遠無法休息。你將永遠無法征服世界，因為總還有一些東西還要被征服……生命很短，時間飛逝，你將會在你的旅程中死掉。」

這兩個故事我們可以當作寓言來讀，不必太當真。但是，這兩個故事觸及了我們生活中常見的誤區。就是我們在生活中，為了追求更好的生活，常常忘了當下的生活。我們辛苦賺錢，想著等買了房子就好好生活，等孩子考上大學就好好享受人生，等來又等去，我們總是在等待裡忘掉了生活。然而，人生很短，不夠等待。不管什麼時候，都應該好好生活。不管什麼時候，想做什麼，都應該趕緊去做。每天堅持運動是非常好的習慣，會讓身體和心靈都健康，所以，應該趕緊去做。

我以前也是很忙，總抽不出時間運動，有一天，就是我讀到上面第二個故事的那一天，我受到了很大的衝擊，我記得當時是下午四點，我扔下書，就去慢跑。有人找我開會，我也沒有接電話。從那天開始，我一直堅持每天在下午四點左右，或晚上睡覺前慢跑，週六會去爬山。一旦跨出第一步，就會變得很容易；一旦跨出第一步，你會發現，不去開會，天也不會塌下來。但一旦你跨出去，你會發現，那種疲於奔命的狀態會漸漸結束，漸漸地，不是你被工作、家務追著跑，而是工作、家務都會跟著你的節奏來進行。

這是一個非常有效的方法，每天堅持一個時間，自己一個人去運動，這會改變你的生活。當然，情況一定會有變化，比如，遇到下雨天或者不開心的事，很容易為自己找藉口不運動。但是，一定要堅持，越是在煩惱和忙亂的時候，越要堅持。很多時候，你不需要大道理，也不需要聽我的課，只要堅持做你喜歡的某種運動，就會讓你走出煩惱和忙亂。我非常非常希望你走出第一步。

# Q6：好心沒有好報怎麼辦？

費勇老師：

您好！

您經歷過類似「農夫與蛇」的事情嗎？您是如何平復自己的心情，讓這件事情不過度影響生活呢？

【答】

關於「農夫和蛇」的故事，是《伊索寓言》（*Aesop's Fables*）裡的故事。有一個農夫救了一條蛇，結果反而被蛇咬了一口。這個故事本身講的是，我們在幫助別人的時候，要弄清楚幫助的是誰，如果是蛇，牠的本性就是要咬人，我們就不應該去幫牠，或者，你要幫助牠的話，應該用合適的方式，能夠幫到牠，又不至於讓自己被咬死。但後來人們運用這個故事的時候，出現兩種很微妙的偏向，一種是變成了不要去幫助壞人。這種觀點在某些特殊時刻，當然是有道理的，比如，你看到一個殺人犯或騙子在傷害別人，你反而去幫助他，那是助紂為虐。但是，在日常生活裡，對好人或壞人的界定很複雜，當我們遇到了需要幫助的人，我們不可能在幫助他之前先做道德鑑定，確定他是好人以後才去幫助。另一種偏向是強調了好心沒有好報，幫助了別人，別人不僅不感激，反而傷害自己。這種事情，我年輕時候也遇到過，明明對這個人很好，幫了他很多，結果在某一個關鍵時刻，他為了自己的利益，反而詆毀我，甚至構陷我。那個時候，我有沒有怨言呢，還是有的。

但是，第一，我很快明白，當時我幫助他，本來就不是求回報，而是為了自己，自己應該這樣做，就去做了，沒有什麼好後悔或埋怨的，他現在這樣做，從他自己的角度，也會認為自己做得很對，沒有什麼可以指責的，所以我也沒有必要去講道理。第二，我當時的處理方法是不回應，也不為自己辯解。第三，這件事雖然讓我對人性有了更深刻的了解，尤其對於人性的黑暗面有了更深刻的理解，但從未因此不再幫助別人。我還是按照我自己的信仰和倫理原則為人處世。

耐人尋味的是，這件事情之後，我再也沒有遇到過此類事情，同時，我發現自從那一次事情之後，我的回應帶來的結果是，周圍的人對我變得友善了，這是我完全沒有想到的。此後一直到現在，我一直活在一個溫和的人際環境裡。所以，我的經驗說明，**如果我們堅持善的信念，最終獲益的是我們自己。**

**堅持善的信念，按照善念去行事，會把我們從人際糾纏的泥潭裡解救出來。**真的，不要去理會別人，用心走自己的路。如果那個人傷害了你，交給法律去處理；如果那個人的行為只是違背了道義的原則，交給因果去處理。你自己要一直往前走，不要和任何人糾纏。

我想和你分享一段德蕾莎修女（Mother Teresa）說的話共勉：「人們不講道理、思想謬誤、自我中心，不管怎麼樣，總是愛他們；如果你做善事，人們說你自私自利、別有用心，不管怎麼樣，總是要做善事；如果你成功後，身邊是假的朋友和真的敵人，不管怎麼樣，總是要成功；你所做的善事，明天就被遺忘，不管怎麼樣，總是要做善事。誠實和坦率使你易受攻擊，但不管怎樣，總是要誠實與坦率；你耗費數年所建設的可能毀於一旦，不管怎麼樣，總是要建設；人們確實需要幫助，然而你幫助他們卻可能遭到攻擊，不管怎樣，總是要幫助；將你所擁有最好的東西獻給世界，你可能會被踢掉牙齒，但總是要將你最好的東西獻給世界。」

# Q7：哪些好的習慣會讓我們的生活更好？

費勇老師：

您好！

我記得老師提到過，修心的過程，其實不過是建立一些好的習慣，然後一直堅持。我自己也知道有些壞習慣會帶來負面的影響，但總是改不掉。我想問一下，您有哪些好的生活習慣，又是怎麼堅持下去的？

【答】

培養良好的習慣，這確實很重要，但往往被我們忽略。美好的人生，不過是知道自己想要成為什麼樣的人，然後為了成為這樣的人，找到了幾個簡單的行為，把它們變成每天的習慣。每天都在堅持同一種習慣，但每天都有驚喜和愉悅。這大概就是理想的人生。但養成習慣的往往都是很小的事情，很不起眼，會讓人覺得做了也不會怎麼樣。但事實上，人和人之間為什麼不一樣，從外在看，就是他們的習慣不一樣。

我自己回顧起來，大約養成了五個比較正向的習慣。

第一個是堅持寫了近四十年的日記，這相當於每天在為自己做清單，這帶給我的幫助特別大。寫日記是一種清理，也是一種反思，可以幫助我們，讓自己的生活保持在合適的航道上，不要偏航。寫日記也有助於堅持好的習慣、戒除壞的習慣。

第二個是在思維方式上保持正向思考的習慣。比如，看待人和事，很少有預先的成見。在人生態度上，永遠看到好的一面，所以，很少會頹廢，很少感到絕望。

第三個是在人際關係上，我很少想去改變別人，信奉的是惠能的教導，「不見一切人過患，只見自己的不是」。

第四個是鍛鍊的習慣，這些年來，我鍛鍊的形式有所改變，比如年輕的時候是跑步，後來改成打坐冥想，但鍛鍊的習慣一直沒有改變。早上起來，第一件事一定是鍛鍊。這兩年，我因為頸椎的問題，一直堅持練習八段錦。每天下午或晚上一定會去走路。

第五個是堅持了幾十年的清淡飲食習慣。

這五個習慣讓我的生活狀態一直比較平和安穩。我的體會是，每一個細小的習慣剛開始養成的時候，不覺得怎麼樣，但堅持一段時間，會出現一些令你意想不到的效果，會徹底提升我們的生活。當然，一個壞習慣，也會在不知不覺間毀掉我們的生活。

不過，我也經常會有一些壞習慣，比如，在開車的時候看手機，甚至傳訊息。這是很不好的習慣。最近，我也徹底把這個習慣改掉了。但是，在等候什麼的時候，還是會忍不住看手機，這個壞習慣我還在努力改正當中。我這個月的計畫是固定在某個時間段內看手機。同時，養成一個習慣：看完想看的訊息就把應用程式關掉，不去瀏覽別的訊息。

我有一個體會，就是當我們想要培養一種好習慣或者戒除一種壞習慣的時候，要回到原點，就是要回到我想成為什麼樣的人。比如，吃清淡的食物，假如僅僅要去吃素，只是一個生活行為，但假如回到一個起點，我想要成為一個健康的人，為了成為一個健康的人，去吃清淡的飲食，相比於僅僅為了吃素，好像更會讓人堅持。習慣和做人結合起來，意義就會不一樣。

# Q8：在絕境中如何找到自我解脫的方法？

費勇老師：

您好！

我是一名廣告創意人，由於長期熬夜，作息不規律，兩年前的一個晚上，我突然發病，患上了自律神經失調，這種病非常痛苦，我去了很多大醫院看病，但是這種病目前還是醫學難題，均無可行的治療方案。這種病雖然不會立刻奪走我的生命，但會讓我幻想不好的事情，時常感到膽小、焦慮和恐懼，每天度日如年，簡直就是地獄之旅。

我一家四口，有兩個女兒，大女兒讀大二，學的是美術，小女兒才剛六歲。問題就在這裡，我想撐下去陪小女兒長大，但是病情又讓我生不如死，常常想要自我了斷。

聽了您的課，很想找到自我解脫的辦法，至少在精神上走出病痛的折磨，希望老師給我建議，感激不盡！

【答】

非常謝謝你對我的信任。但是我非常抱歉，因為我很難給你什麼建議。我自己還沒有經歷過這樣艱難的時刻，無論我說什麼，面對你的狀況，我自己覺得都會有點輕飄。對於我來說，也許最好的辦法，是為你祈禱。希望你能夠度過人生中難以承受的痛苦。而且，我要特別感謝你，向我及其他人述說你的病痛。這不是一件容易的事，我身邊有些朋友或熟人，得了嚴重的疾病，往往不太願意告訴別人，或者或多或少有些抱怨命運的不公——「為什麼是我呢？為什麼要選中我呢？」但你用很坦然的語氣，講述了自己的遭遇，給予我們健康的人一個契機，去了解生命的脆弱以及無常，從而更珍惜當下的擁有。所以我說要特別感謝你。

我自己說不出什麼好的建議，但我願意和你分享一下星雲大師得病以後的心路歷程，以及對待疾病的方法。另外，我也推薦你去看一下《賈伯斯傳》（*Steve*

Jobs），看看賈伯斯得了絕症後的應對方式。還有一本書特別值得一看，那就是由社會活動家海倫．凱勒所著，鼓勵了全世界無數人的《假如給我三天光明》。海倫．凱勒不到兩歲時因病失明，直到八十八歲去世，她一直生活在黑暗中，卻在黑暗裡為自己創造了一個光明的世界，也為無數人點亮了希望的光輝。我把他們的經歷總結了一下，有了四點體會：

第一，人的生老病死，是一個自然規律，只要是人，就一定會面對這些痛苦。在這樣的痛苦裡學會成長，這是人的使命。

第二，我們可以用「覺知」的方法來觀察病痛。把病痛作為一種外來的元素，觀察這種元素，觀察這種元素帶來的痛苦感受。假如每天堅持我們的修心訓練，讓自己安住於正念，應該會一點一點減緩病痛的折磨。在某種意義上，當疾病來了，你只能和它做朋友，而不是簡單地抗拒。我們可以嘗試把痛只是作為一種感受，去觀察它。

第三，就像你自己提到的，親情是我們生命意義的重要支撐。只要能陪孩子長大，就足以證明生要比死更好。所以，要斷絕生不如死的念頭。活著，就有希望。生命可貴，我們應該珍惜，即使再痛苦，這個身體還是可以讓我們看著親人成長。更重要的是借助這個身體，我們仍然可以幫助別人，尤其是幫助自己的親人，去實現他們的夢想。

第四，要相信科學，相信醫療技術。今天大多數疾病，現代藥物是可以控制的，所以，一方面要調整心態，與疾病做朋友，另一方面，也要積極去正規醫院尋找治療的途徑。如果真正能做到與疾病為友，就會發現，疾病雖然在某些方面為我們造成巨大的痛苦，但是也會為我們開啟另外的門。比如，失去了光明的人，聽覺和感覺會更敏銳。再比如，疾病讓我們更能沉下心來面對自己的內心，從而專注在自己想做的事情上。還有，更重要的是，疾病會讓我們反思從前的生活，重新建立一套更合適自己的生活方式。

# Q9：能力有限，怎麼幫助自己的親人？

費勇老師：

您好！

最近有一個問題一直困擾著我：我是農家子弟，也是家裡唯一的大學生，目前我生活在廣東，年近五十，生活條件過得去。我有兩個弟弟，都沒能上大學，現在都人到中年，生活一直很艱難。我能力有限，總覺得有心無力，只能偶爾幫些小忙，因為兄弟感情很好，所以我常常感到內疚，一直不能釋懷。請問老師，如何才能走出這種心態？多謝！

【答】

第一，看到自己兄弟姐妹生活遇到困難，一般人都會去幫助，這是人之常情。但有時候，這種困難不是暫時的，而是長期的，一般人能幫到的只是一些小忙，不能從根本上解決問題，有心無力，就像你提到的，因為能力有限，不能從根本上幫助自己的弟弟，因而感到內疚。這種內疚感，說明了你的內心很善良。它不應該是一種壓抑性的情緒，而應該是一種動力。什麼動力呢？讓自己變得更好、更有溫情的動力。因為只有我們自己變得更好、更溫情，才能幫助別人。就像胡適先生說的，你要救國，首先要救你自己。佛教裡也倡導「自覺覺他」，也就是自己覺悟了，也要幫助別人覺悟。但如果你自己不覺悟，又怎麼能夠幫助別人覺悟呢？具體到你說的情況，按照我們世俗社會的常理，你一定是先照顧好你自己的家，才去照顧好自己弟弟的家。這也是人之常情。

第二，幫助別人，尤其是幫助自己的弟弟，這是毫無疑義的。別人有困難，我們都應該去幫助，何況是自己的弟弟。但是，我們一定要明白，不論什麼人，我們可以幫助一時，但幫不了一輩子。根本上，每個人都要靠自己，每個人的生活，都是由他自己的價值觀和生活方式決定的。更重要的是，幫助別人，不只是金錢上的幫助。就像六度裡的布施，不只是金錢財物的捐助，還有法布施、無畏布施。我們幫助一個生活艱難的人，不是一定要給他錢財才叫幫助。錢財要根據自己的能力，量力而為。除了錢財，還可以幫助他有信仰，有正向的思考方式，有學習的能力，等等，這些大概都是法布施。還有就是以各種形式給他生活的勇氣，給他溫情，也是一種布施，一種幫助。

第三，我舉一個王陽明的例子。王陽明一生信奉儒家的倫理原則，非常重視兄弟之間的相互愛護，在《傳習錄》中幾次講到舜如何對待自己的弟弟，說明兄長要有寬厚的德行。在現實生活裡，王陽明對於自己兄弟的幫助，不完全指向經濟，也指向教育。王陽明講心學，最早就是講給他幾個弟兄輩的親屬。他四十四歲的時候，在京城當官，他的三弟去看他，他和弟弟徹夜長談，談了如何做人的問題。這次談話後來被他弟弟記錄下來，形成了一篇名為《示弟立志說》的文章。在這篇文章裡，王陽明用了很懇切的言辭，告訴自己的弟弟如何做人，如何面對困難，如何修練克己的功夫等。王陽明一生並不富貴，但他用自己的方式，給予了他的兄弟很寶貴的人生財富。

所以，歸納起來，我個人的看法是，我們幫助生活艱難的人，不是簡單地給他錢財，而是幫助他一起去改變他的艱難現狀。就像古人說的，「授人以魚不如授人以漁」，送魚給別人，還不如教會他如何捕魚。因為給別人一條魚，他一頓飯就吃掉了，但給他工具，他一輩子都有魚吃。同理，給別人一點錢，他很快就會花掉，但給他勇氣和信心，他就能不再畏懼艱難，改變艱難的環境，讓自己活得更好。

也許，對你來說，你可以嘗試著換一個思路，不只把幫助看作錢財的施與，而是和弟弟一起去面對生活的艱難，一起去思考生活艱難的原因，分析一下哪些是可以改變的，哪些是無法改變的，一起去思考並且一起探尋在艱難中也要活出意義和快樂的生活方式。在這種行動中，也許能讓你走出內疚的心態，以一種積極的態度，和自己的親人一起去探尋生活之道。

# Q10：放下就是逃避嗎？

費勇老師：

您好！

面對一些解決不了的困難，讓我感到很焦慮，放下就是逃避嗎？或者說堅持就是固執嗎？

【答】

這個問題不太好回答，因為不是很具體，比如困難，是什麼樣的困難呢？每個困難的性質都不太一樣，處理的方法也不一樣。舉個例子，找工作遇到的困難，和徒步行走時遇到的困難，性質上是不一樣的。當然，你有了一個界定，就是「解決不了」，但「解決不了」是一個比較主觀的界定，很多時候，我們認為解決不了的困難，其實換一種思路和方法是可以解決的。至於放下，肯定不是逃避，也不是放棄，不是放棄手上的東西，而是擺脫這個東西帶來的情緒上的干擾，也就是說對於這個東西不執著，隨緣，現在拿在手上，就好好拿著，該放下了，就放下，不讓這個東西成為壓力。這就是放下。堅持和固執，完全是不同的。

有一個故事，也許能給你一些啟發。有一個美國人去加拿大的山裡打獵，他用了各種方法和各種誘餌，想引誘野狼出來，結果，連續三天，狼的影子也沒見到。

他非常焦慮，絞盡腦汁想各種辦法，但都沒有用。這個時候，有一位老人經過，看到他就說：「你這樣是獵不到狼的，我教你一個方法，一定會讓狼出現。」美國人問：「什麼方法呢？」那位老人回答：「等待。」就是什麼也不要做，不要刻意想方設法去引誘野狼，而是安安靜靜地待在原地，什麼都不做，只是等待。結果當天傍晚，野狼就出現了，獵人滿載而歸。

這是一個真實的故事，很值得我們玩味。這個故事在某種程度上詮釋了什麼是堅持，什麼是放下。理論上而言，不論什麼困難，我們都應該堅持去解決，絕不放棄，但一定要放下，要以不計較得失的心態堅持去做，目標不變，但達成目標的方法，是可以改變的。有些人的問題在於，目標不斷在改變，但方法總是老方法，所以很難成功。但我們真正應該堅持的是目標，當然是合理的目標，契合你的理想和能力的目標；而不斷改變的，是方法。

再重複一遍。**堅持不等於固執，固執不等於堅持。放下不等於逃避，不等於放**

**棄，逃避不等於放下，放棄也不是放下。**我們一定要放下情緒的困擾，堅持不懈地用各種辦法去解決困難，實現自己的目標。沒有解決不了的困難，即使暫時解決不了，但在我們努力解決的嘗試中，總是會不斷地得到新的收穫。這才是真正的放下和堅持。

和這個問題有點關聯的，是遇到逆境，很痛苦的時候，自我安慰是不是自我欺騙。人都會遇到痛苦，痛苦的時候，難免會自我安慰，就是有點阿Q心理，比如，生病了，就安慰自己，相比於那些得絕症的人，我已經很幸運了。這個在我看來，不是什麼消極的想法，反而是一種積極的思考方式。有一個心理學家提出了「自我同情」的概念，和自我安慰很接近，是面對痛苦時一種積極的心理防衛，是一種自我保護機制。**越是在痛苦、倒楣的時候，我們越是要像自己最好的朋友一樣，友善、接納和充滿愛地對待自己。**比如，人難免要犯錯，犯錯之後當然要懺悔、檢討，但如果過度自我指責，也會陷入很消極的低迷情緒。**一定程度的自我開脫、自**

**我同情是必要的，可以讓自己有動力去開始新的生活。**

**另外，把自己的失敗經驗當作是人類普遍經驗的一部分，可以幫助我們不被自己的痛苦所孤立和隔離。**心理學家發現，經常自我同情的人生活滿意度更高，他們更少會感到焦慮和憂鬱，情緒更穩定。他們的修復能力也更強，看待事物的視角更樂觀，無論是否實現目標，都不容易陷入負面情緒。一項追蹤研究還發現，自我同情能夠幫助個體在遭遇挫折後更好地適應生活。但是，自我同情，或者說，自我安慰，一定不能和自我欺騙混淆。舉個例子，男朋友已經不愛你了，你很痛苦，於是你就扭曲了男朋友不愛你這個事實，自己假設了其實男朋友還是愛你的，甚至虛構了一些他愛你的事實。這叫自我欺騙，只會讓你越陷越深，越來越痛苦。

如果你接受了男朋友不愛你的事實，這固然很痛苦，但可以這樣安慰自己，人生總是要經歷一次失戀的；或者安慰自己，他以後會後悔的，而我以後會慶幸他離開了我；或者安慰自己，失戀了一個人過更自由。這樣的自我安慰是自我同情，並沒有什麼壞處。

人生確實很痛苦，所以，我們只能不斷堅持，不斷放下，不斷看清真相，但難免，要經常自我安慰，自我陶醉一下，化解人生的痛苦。

# Q11：教育孩子有什麼好的辦法？

費勇老師：

您好！

我的問題是關於孩子的健康和教育的。現在的孩子受到互聯網的影響，大多數不太聽話，而且越來越叛逆和傾向於自我行事。在這個功利的社會背景下，該如何教育孩子，才能讓他們不受社會風氣的影響，自主學習？如何讓他們保持住自己的初心，認真完成自己的學業？請費老師分析、解惑，謝謝！

## 【答】

關於孩子的教育問題永遠是一個難題。我們從孩子的身上，特別能看到人性中那種善惡並存的原始力量有多麼強大。你的問題中提到的受互聯網影響，導致孩子叛逆，以及不太認真完成學業的情況，確實很普遍，值得討論。關於叛逆，我自己的體會是要和孩子平等地溝通，居高臨下地對孩子說教，好像效果不太好。非常嚴厲地管制，總是這個不准，那個不准，好像效果也不好；但放任不管，更加糟糕，孩子是沒有判斷力的，需要引導。以前，我的孩子讀國中時，學校已經有未成年戀愛現象，這確實讓家長很頭疼，但是粗暴地干涉，好像效果不太好。我當時的解決方法，就是和孩子進行平等地溝通，主動和孩子聊起我情竇初開時的事情，她很好奇，不斷地追問我，這樣我就和她建立了一種關於感情問題的溝通。在溝通中，我給了她很多引導，包括告訴她要注意安全之類。一直到現在，她遇到感情上的事，還願意和我討論。所以，我覺得家長可能要多站在孩子的角度上去看問題。畢竟，我們自己也是這樣長大的。

另外呢，關於認真完成自己的學業，現在很多小孩子喜歡玩遊戲，怎麼辦呢？我覺得佛教裡的方便法門是可以用的。佛陀說，只要你願意走出去，我就滿足你的願望。我有一個朋友，他的兒子很喜歡玩遊戲，他就設下了一個規定，完成多少作業，得多少分，就可以贏得多少玩遊戲的時間。我覺得這種方法還是可取的。

我們對於孩子教育要重視，但也沒有必要焦慮。中國有一句古話叫「兒孫自有兒孫福」，我們父母盡到自己的責任就可以了，未來怎麼樣，完全要靠他自己，你著急也沒有用。

歸納起來，關於孩子的教育，以我自己做父親的經驗，有這麼四點體會。

第一，就是不要迷信權威，也不要迷信什麼教育模式，每一種模式或方式，都不可能是靈丹妙藥。每一個孩子都很獨特，只能針對他的個性和環境，給予合適的教育。

第二，我總覺得，孩子的教育其實也很簡單：有什麼樣的父母，就會有什麼樣的孩子。有時候我的困惑在於，我們作為父母是這個樣子，卻要求孩子得是那個樣子，這怎麼可能？比如，作為父母，自己成天打麻將，卻要求孩子時時讀書。我甚至在想，與其嘗試用各種方法教育孩子，不如我們自己先修行成為想要孩子成為的那種人。

第三，我自己花了很長時間擺脫「望子成龍」的心態，如果說有所期待，只是期待她慢慢找到自己的路。**每個孩子都是獨一無二的個體，如果有什麼教育方法，那就是幫孩子找到獨一無二的那一面**。最幸福的不是考上了知名大學，而是在很年輕的時候就找到了自己願意用一生的時間去做的事情。

第四，對於孩子，我們也許要教給他兩種東西，一是規範性的東西，比如講禮貌等，這些要靠規訓；二是選擇的能力，讓他從小學會選擇，這個很重要。我的孩子，在她很小的時候，買玩具，甚至買衣服，我都是讓她自己選擇，然後，我會和她討論為什麼選擇這一個，目的是讓她明白她有自由選擇的意志。這個就好像走路，我們要求孩子有些事情一定要按規矩，沒有什麼選擇，比如遇到交通號誌必須按照指引通行，必須排隊等。但是走什麼路，往哪個方向走，用什麼工具，要讓孩子自己去選擇，讓他自己去問自己：我到底想要什麼？覺得自己能夠做什麼？要讓他自己去選擇、去決定。

在我看來，**父母最應該幫助孩子的，是讓他學會運用自由意志，自己選擇自己的生活。不要輕易為孩子做決定，讓他自己選擇，自己承擔責任。要讓他很小的時候就明白，生活的意義在於選擇。**

# Q12：如何在尷尬中找到平衡？

費勇老師：

您好！

我今年三十六歲，因為想要物質穩定，所以這些年一直努力工作，導致目前還單身。其實我對婚姻也沒多麼渴望，小時候父母婚姻不幸，導致我有些恐懼婚姻，自己一直比較被動。但看著別人的父母都抱第二個外孫了，我的父母還什麼都沒有，我又覺得愧對父母，感到很自責。有時我想差不多找個人結婚算了，但冷靜下來還是覺得不能湊合。

我一直處在這種矛盾和糾結之中，同時又找不到合適的對象，我該如何在這種尷尬中找到平衡呢？我經常勸自己好好成長，總會遇到那個人。但是看到朋友和家人共享天倫之樂時，這種焦躁感就會冒出來，我說服不了自己。

【答】

我覺得這位朋友不只是在提問，更是在和我們分享人生經歷。從提問來說，核心是如何解決單身的問題。你在提問中，一直在分析你單身的原因，但同時，又在分析你不想單身的原因。你首先提到單身的原因是想要物質穩定，所以一直努力工作。這句話有一點歧義，但我猜測你想說的是，婚姻是需要物質穩定的，所以，你一直在努力工作，想先有了穩定的物質基礎再結婚，不想讓自己的愛人跟著自己受苦。從理論上來說，我很贊同這一點。結婚是過日子，沒有一定的物質基礎，結婚是兩個人一起挨窮。但這裡的複雜性是，第一，怎樣才算物質穩定？這裡面的標準很主觀。第二，即使你的物質基礎還不穩定，但如果有一個人，願意和你一起吃一點苦，一起努力創造更好的生活，為什麼又要拒絕呢？

所以，我覺得造成你單身的原因，並不完全是這個，更多的是你提到的你父母婚姻不幸帶給你的陰影。因為你父母婚姻的失敗，讓你對於婚姻有恐懼感，同時，又對婚姻特別謹慎，不想重複父母的悲劇。

接下來，你講的，是你不想單身的原因。你不想單身的第一個原因，是覺得對不起父母。這裡面有一個小小的悖論，可能你自己沒有意識到：一方面，你父母是你不想結婚的原因，另一方面，又是你想結婚的原因。

不想單身的第二個原因，是因為看到別人享受天倫之樂，有家庭有孩子，就會對於自己單身的處境感到焦慮。關於第二個原因，我突然想起《論語》裡面的一段記載。孔子有一個學生叫司馬牛，有一天他向同班同學子夏感嘆：「人皆有兄弟，我獨無。」子夏安慰他：「商聞之矣：死生有命，富貴在天。君子敬而無失，與人恭而有禮，四海之內皆兄弟也。君子何患乎無兄弟也？」這段話的意思是：「我聽說過：『生死命中注定，富貴由天安排。』君子認真謹慎沒有過失，對人恭敬而有禮貌，天下的人都是兄弟呀。君子何必憂愁沒有兄弟呢？」

我不知道子夏安慰司馬牛的話對你有沒有用，但我認為大概沒有什麼用。因為我從你的表述裡大概能夠判斷，你不是一個能夠接受單身生活方式的人，你在本質上還是一個需要有家庭的人，你內心對於獨身有很深的恐懼感。所以，假如要我給你建議的話，首先，在婚姻和單身之間，我覺得你應該放棄糾結，堅定地選擇婚姻。其次，對於婚姻應該有一個清醒的認知，並不是只有你的父母婚姻不幸，幾乎所有的婚姻都有婚姻自身的問題。重要的是，父母不幸的婚姻，不等於一定會在子女身上重複。我們和父母不過是一種緣分的關係，我們自己的人生，最終是由我們自己創造。我覺得你從父母的婚姻裡，應該更深刻地體會到婚姻的本質，如果要選擇婚姻，那麼，想清楚哪些問題是可以避免的，哪些是無法避免的。最後，不要把愛情的幻想投入婚姻的選擇，婚姻的前提當然是愛，但這種愛不一定是激情式的青春的愛。巴爾扎克（Honoré de Balzac）講過一句很現實的話：「長久的婚姻往往只需要友情就已經足夠了。」他的潛臺詞是，激情式的愛情很美好，但往往不長久。

婚姻的基本是過日子。除了愛，更重要的是，合適還是不合適。

假如能夠擺脫內心的糾結，理清自己內心的真正需要，拋開對於婚姻的幻想，那麼，一定能夠找到合適的人，一起過世間的小日子。祝你盡快從單身和婚姻之間的焦慮、尷尬中找到平衡。

# Q13：該不該忍耐一位總是控制不住情緒的伴侶？

費勇老師：

您好！

我來替好友問個問題：她的先生隔一段時間就會發一次火，發火時控制不住情緒，會情緒非常激烈地吼一個多小時，我的好友想躲出去，但對方不允許，我的朋友想離婚，對方也不同意。唯一的解決方法就是我朋友向他道歉，並承認他是對的，還要保證以後愛他。他們兩個的日子，平時還算平淡，但對方每次發脾氣，都像是把我的好友從懸崖上又推了下去，針對這一點，不知道老師有沒有什麼建議？

【答】

就你描述的你朋友的情況，如果是我自己的女兒遇到這種情況，我會讓她離婚。因為隔一段時間就發火，而且是情緒非常激烈地吼一個多小時，這已經不是一般的性格問題，而是很嚴重的心理問題，很難改變。

一個人，小到生活習慣，大到價值觀念，都很難改變。有些人在談戀愛的時候，因為愛情沖昏了頭，可以為對方改變一些飲食習慣，比如明明不愛吃辣也還就對方吃辣，但結婚後用不了多久，就會不再吃辣，而且會要求對方也不要吃辣。所以，在婚姻裡，我們不要妄想著改變對方，我們只能考慮，對方這個樣子，值不值得自己和他過一輩子。

回到你那個朋友的情況。我的第一個建議，剛才已經說了，從理論上來說應該離婚。如果還沒有孩子的話，更加應該迅速離婚。很多年前，我的鄰居是一對剛結婚的小夫妻，先生很愛發脾氣，隔一段時間就會發脾氣，妻子很柔弱，雖然幾次說要離婚，但不知為什麼，一直沒有離。後來他們有了孩子，但那個先生仍然隔一段時間就發火，到孩子三歲的時候，他們終究還是離了婚。

第二個建議是，也許你那位朋友下不了決心離婚，那應該讓她先生去醫院接受心理治療，因為他們這不是正常的生活，一定要一起想辦法改變這種狀況。

我想不出更好的建議了。人活著，就是要經歷磨難，但我們應該在磨難裡成長，而不是在磨難裡沉淪。祝你那位朋友早日走出婚姻的困擾，找到自己的平靜生活。

## Q14：對於父母的情緒，怎麼應對呢？

費勇老師：

您好！

我現年三十歲，最近，我的父母正在處理離婚的相關事宜。我的父母屬於中年離婚，我對此感到了一定的焦慮。母親最近也極度焦躁，我們偶爾會發生衝突。想請教費老師，我該如何恰當地應對母親的情緒反應？

【答】

這個問題，聚焦的是子女和父母的關係，這和婚姻中的夫妻關係一樣，問題永遠存在，而且非常普遍，講再多的道理，也沒有用，在現實生活中，一旦遇到這方面的問題，就很難解決。因為這不是處理和陌生人的關係，可以一了百了，父母和子女之間的關係處理起來，比處理夫妻關係還要艱難，因為夫妻還可以離婚，但父母和子女，就是一種天然的血緣關係，伴隨一個人的一生。

這些年西方心理學中的原生家庭理論很流行，很多人傾訴自己從小受到父母的傷害，網路上甚至出現「父母皆禍害」的說法，很多人把自己的不幸歸咎於原生家庭。心理學的這個理論有一定的道理，原生家庭確實是我們認識自己的一個角度；但是，如果過分地誇大原生家庭的影響，反而會引起更大的危害。

前幾天我看到日本導演北野武寫他母親的文章。這篇文章說的是，北野武出生於一個貧困的家庭，父母又不太懂得教育，所以他在童年時代遭受了很多創傷。他的母親一直向他要錢，母子之間很少溝通。但直到母親去世，他才發現，原來母親把向他要的錢都存了起來。母親之所以用那麼強悍的方式向北野武要錢，是擔心他亂花錢，某天會經濟困難，所以為他存下了一筆錢。北野武這篇文章非常值得一看。一方面，我們會發現，童年創傷是普遍存在的，有些人成才了，有些人墮落了，這個和童年創傷關係並不是很大。另一方面，父母的愛有時候會以怪異的形態表現出來。

所以，我總覺得，我們沒有必要誇大原生家庭的影響。誰沒有過童年創傷呢？這是成長過程中的一段經歷。出生在同一個家庭裡的孩子，長大後都不一樣。所以，不要太迷信原生家庭這種說法，人的成長，根本上還是得靠自己。當然，假如我們現在做了父母，應該盡可能不帶給孩子童年創傷，而是帶給孩子一個美好的童年。但事實上，無論我們對孩子怎麼愛護，都不可能讓孩子擁有完美的童年，因為成長的過程，就是不斷經歷痛苦。所以，如果我們作為子女，對已經發生的童年經歷，對父母的教育方法，實在沒有必要去糾纏。實在沒有必要把自己現在的不幸，歸咎於父母失敗的教育方法。

那麼，如果自己的父母確實存在問題，又無法溝通，怎麼辦呢？首先，是不爭論、不回應，和自己的父母爭論完全沒有意義，回應父母的情緒也沒有什麼意義，因為我們已經不可能改變他們的價值觀和生活方式，所以，不妨像一個善意的旁觀者那樣看著他們就可以了。但問題是，有時候父母非要改變我們，怎麼辦呢？這個要看改變什麼，如果是一些小事情，遷就一下父母，也沒有什麼關係。如果是原則性的，那就沒有必要遷就父母。其次。像你說的情況，作為子女，其實也應該嘗試引導父母，去過一種積極的生活，比如帶他們出去旅行，培養某種興趣，比如攝影、書法、跳舞等，這些雖然是很小的嘗試，但都可能改變父母的心態。最後，如果經濟條件允許，那麼，和父母分開住是最好的，既可以相互照顧，但又不影響彼此的生活方式。

但不管怎麼做，一切都很難完美。我們只能在不完美中學習接受不完美，讓自己變得越來越完美。祝你慢慢學會和自己母親的相處之道，體會父母子女之間應該有的深刻的愛。

# Q15：我該不該辭職？

費勇老師：

您好！

我今年三十八歲，之前的職業是收入還不錯的公司業務。

我每隔三年到五年會換一次工作，希望在不同的環境裡得到自我提升。

這些年來，我從基層人員到採購再到業務，自認為職涯發展是向上的。但如今做了五年業務，看清了很多人性的本質和很多為利而不得不為之的灰色商業手段，我因此感到困惑。

作為一名中年女性，我深知重新求職的成本很大，但我還是辭職了。我不想在我認為混濁的環境裡繼續待下去。但有時我會懷疑：這是一種避世的消極做法嗎？是我太過追求完美了嗎？更關鍵的是，我此時卻不知該往哪個方向走：若再回到原本的圈子，那離職就是場鬧劇；如果轉行，那挑戰太大。目前我的狀態比較低迷，似乎提不起精神來尋找新工作，您可以給一些建議嗎？

【答】

第一，我覺得你很了不起。不想繼續待在混濁的環境裡，就果斷辭職了。很多人做不到這一點。我今天正好在讀作家米歇爾．德．蒙田（Michel de Montaigne）的書，蒙田也是在三十八歲的時候做了一個重大決定：辭掉已經工作了十三年的法院工作，換一種活法，他自己寫了這麼一個記錄掛在書房裡：「一五七一年，二月的最後一日，度過第三十八個生日的蒙田，長久以來對於法院和公務深感勞累。此後，他將投向學問女神的懷抱，在免受俗務攪擾的平靜中，把消耗過後的殘餘生命投入其中。若命運允許，他將返歸故鄉，在愜意的祖先安眠之處，好好地保有自由、平靜與安閒。」該如何保有自由、平靜與安閒呢？蒙田說從今以後要為自己而活，要活在當下。其實，中國的陶淵明、美國的梭羅等，都是在人生的某一個階段突然覺悟，要按照自己的生活方式去生活，然後就真的去實行了。

第二，你的選擇肯定不是消極避世，恰恰相反，這是一種非常積極的人生態度，**人生很短，沒有必要將就，一定要去過自己想要的生活**。這是一種最積極的生活態度。所以，不用懷疑自己的決定，這是一個很美好的決定。

第三，關於謀生的問題，因為不是很了解你的具體情況，我沒有辦法給你具體的建議。原則上，在我看來，今天我們選擇職業有幾個考量的點。

第一點是擺脫年齡的困擾。一般情況下，我們總覺得自己已過了最好的年齡，很難重新開始，但國內外都有很多例子，說明每一個年齡階段，都能創造屬於自己的天地，每一個年齡階段都是剛剛好，每一個年齡階段都是最好的年齡階段。所以不需要有年齡焦慮。

第二點是盡可能不要用找工作的心態去找工作。如果我們用找工作的心態去找一份工作，就往往受制於行業和公司的發展，行業或公司衰敗了，你也跟著陷入困境。所以，盡可能從自己內心真正喜歡的事情去切入，找到自己喜歡的事情，找到符合自己人生觀和價值觀的工作環境，這會讓你在工作中不斷成長。

第三點是今天的社會，已經為個人提供了非常廣闊的發展空間，我甚至懷疑傳統的上班制度會慢慢消失，人類趨勢是個人生活與工作的相互結合，而不是分離。工作應該是自己生活的一部分，而不是異化於生活的存在。所以，我們要關注新的事物，去發現新的可能性，不要沿用以前的那種思路。

第四點是盡可能做過去已經有累積的事情。但這不等於就不能轉行，像你提到的，你一直在做業務，業務本身並不是一個行業，而是一種在每一個行業都會存在的職位。如果你以前在某一個行業做業務，現在換一個行業，也許還能跨界產生新的火花。我有一個朋友原來是在某一個消耗品公司做業務，後來很厭倦，休息了半年，去了一個幼兒教育機構做業務，他喜歡幼兒教育，所以，做的時候感覺比原來更開心，而原來的資源在新的行業裡也可以轉化。

第五點是人生難免低迷、難免困惑。這個時候我的建議是，不妨去短途或長途旅行一次，在旅行中可以慢慢想清楚。**人生就像旅行，每一個人一定會到達自己的目的地，需要的是耐心和毅力。**祝你早日走出低迷，開始屬於自己的新生活。

# Q16：到底要如何改變自己？

費勇老師：

您好！

我今年三十六歲，人生經歷坎坷，最近幾年來工作不順。我自覺能力不差，做的工作也越來越好，但總是做不長久，因為原生家庭破碎，成長經歷坎坷，我的忍耐力和人際關係都較差，我不知道該怎麼改變自己。這些年來，我待過很多地方，但從來沒有穩定長久的人際關係，連和僅有幾位有血緣關係的親人都相處得像仇人一般，已經很久不再聯絡。我有老公和孩子，但是他們都像我人生中的負擔，什麼都要靠我，常常讓我覺得很崩潰。我到底該如何改變自己，重新開始呢？

【答】

第一，我覺得你很了不起。你在前面講了自己遭遇的種種坎坷，但是最後，你沒有去責怪別人，而是問：我到底該如何改變自己，重新開始？如果你的提問停留在傾訴自己的不幸，而且把這種不幸完全歸咎於別人，並指望別人有所改變，從而讓自己的處境改善，那麼，我可能不會回答你的問題，因為回答了也沒有什麼用。

但你問的是「我到底該如何改變自己」，所以，我願意和你一起探討一下，因為在我看來，只要我們意識到透過改變自己來改變處境，並且願意找到方法去改變自己，那麼，人生就有希望，就有可能在探索中找到正確的路徑。如果完全沒有改變自己的意識，那麼，再討論也沒有什麼用，只能自己等待機緣慢慢明白需要改變什麼。

第二，你問的問題是，遇到了逆境，我們應該怎麼辦。比如，你的第一個逆境是原生家庭破碎；導致自己不善於經營人際關係，工作上也不順利；第二個逆境是先生和孩子好像也不理想，成了自己的負擔。那麼，如何面對逆境呢？第一種方法是，假設這個逆境改變不了，只能接受。有一個故事，講述一個鐵匠生活非常艱苦，每天辛苦打鐵養家活口，但生活還是沒有什麼改變。後來他碰到一位出家人對他說，你以後打鐵的時候一心念「南無阿彌陀佛」，於是這個鐵匠在打鐵的時候，不再抱怨，也不再自憐，而是一心念「南無阿彌陀佛」。結果，他的心情越來越好，整個狀態都改變了。

第二種方法是日本導演北野武在一部電影中扮演的一個角色所說的，這個角色對一個抱怨自己命運不好的人說了一番話：「但你給我記好了，現實就是答案，就算抱怨生不逢時，社會不公，也不會有任何改變，現實就是現實，要理解現狀並且分析，在那其中一定會有導致現狀的原因，對於原因有了充分認識之後再據此付諸行動就好。連現狀都不懂得判斷的人，在我看來就是白癡。」這段話有三層意思，一個是要接受現實，一個是分析原因，一個是採取行動。

所以，第三，我們可以按照北野武的意思，做一個分析。第一步當然是接受現實。目前已經形成的現實是一個既成事實，必須要接受。你出生在一個破碎的家庭，這是一個不可改變的現實。

第二步是分析原因。我認為你的問題也許出在分析原因上，我發現在你的描述裡，幾乎不假思索地就把自己的人際關係問題歸因於原生家庭。關於原生家庭的概念，在西方大概是從佛洛伊德開始，佛洛伊德發現童年創傷會影響後來的成長。後來有一段時間，西方的心理治療大量地運用童年創傷和原生家庭這個概念。

但最近二十年來，西方主流的心理學，越來越認為，原生家庭的作用被誇大了。有一些書專門討論這個問題，你可以拿來讀一讀。我不是心理學家，我只是從常識上簡單地推理，假如我們把人際關係不好歸咎於自己的原生家庭，那麼我們的人際關係永遠不可能變好，因為原生家庭是無法改變的。事實上，我們只要觀察一下周圍的人就能發現，很多人，甚至是同一個家庭的雙胞胎，在他們成長過程裡，人際關係也不一樣。

人際關係取決我們自己的行為，不是取決於父母。你的情況我不是很了解，不敢貿然分析造成你人際關係以及其他困境的原因，但我自己的例子可以給你參考。我大學剛畢業的時候，在人際關係上也比較緊張。如果我相信所謂的原生家庭決定論，那麼，很容易和你一樣，將這一切歸因於我小時候沒有和父母生活在一起，如果那樣的話，很可能一直到今天，我還是處在糟糕的人際關係裡。但那個時候，我仔細思考了原因，發現癥結在於我上大學太早，有點少年得志，總覺得周圍的人很平庸，用一種傲慢心看待別人。這才是真正的原因。從那時候開始，我學習著以平等心和慈悲心去和這個世界相處。同時，把關於說話的戒律，比如不議論別人，不說別人的是非，作為一種基本的原則貫穿在日常生活裡。一年之後，我發現自己和周圍人的相處變得平和、融洽。一直到現在，將近三十年了，好像再也沒有遇到人際關係的問題，甚至有幾次，我遇到了很難處理的人際關係危機，但奇怪的是，這些好像都自動化解了。這是我自己的切身體會。我的童年時代都是跟著祖母長大的，我在一九八〇年就讀過佛洛伊德，但我從不相信原生家庭這種說法，所以，所謂的原生家庭也就從未困擾過我。

第三步則是採取行動。如果找到了產生問題的真正原因，就應該採取行動改變這個原因。

簡單歸納一下，當我們處於逆境的時候，第一是接受現實，不要怨天尤人，因為這沒有用；第二是找到真正的原因，如果找到的真正原因是可以改變的，就像我年輕時遇到的人際關係問題，我找到的原因是可以改變的，所以我馬上就付諸行動，發自內心地尊重每一個人，不再議論別人，等等。當這些行為累積到一定時候，逆境就會改變。如果找到的原因是不可改變的，那麼，只能像那個鐵匠那樣，一心念佛。所以，找對原因是最重要的，但我們很多時候都找錯了原因，比如，我們把原生家庭或者星座，當成了我們不去改變的藉口。我常常聽到別人說，我之所以這樣，是因為小時候父母對我不好；我之所以那樣，是因為我是金牛座……如果這樣的話，那我們就永遠無法找到解決問題的根本原因，也無法改變自身現狀了。

# Q17：怎樣和有些負能量的母親相處並改變她？

費勇老師：

您好！

我是一名二十二歲的大學生，目前正在放暑假。這幾天和我媽媽吵架了。我知道我媽媽是很愛我的，但是我媽又特別喜歡罵我，我有時感到很煩躁，就會和她吵架。媽媽和爸爸的感情不和，也經常吵架。今天，因為一點小事，我當著媽媽的面故意對我十二歲的姪子發脾氣，媽媽看到後就動手阻止我、罵我。

事後，我很後悔，因為乖巧的姪子沒有做錯任何事，但是我有時就是會忍不住對他發脾氣，事後又很內疚，覺得這樣傷害了他，會給他造成陰影。所以我想問費老師，怎樣和有些負能量的母親相處並改變她？怎樣控制自己的脾氣，不亂發脾氣，特別是對比自己弱小的人？希望費老師能幫我解答，謝謝！

## 【答】

你提的問題很有意思。人都有脾氣，有脾氣就難免吵架。一吵架就特別容易針對親近的人。我們對於陌生人或不相干的人，往往很禮貌、很客氣，但對於自己親近的人，反而會苛求、會發脾氣。你的提問裡有兩個層面的事情，第一件事，是你和你母親的關係，你知道你母親很愛你，但她喜歡罵你，所以，你就忍不住和她吵架，同時你提到你父母也經常吵架；第二件事，是因為對父母不滿，所以故意對十二歲的姪子發脾氣。這兩件事情的核心，好像都是忍不住發脾氣，但忍不住發脾氣的背後，是因為和父母的關係存在問題。其實，發脾氣對我們的生活非常有害。當然，情緒不能壓抑，需要正常的宣洩，但藉由發脾氣來宣洩，很危險，因為發脾氣針對的是別人。

我認為，我們站在子女的立場上，不要想著父母會有什麼改變。但父母藉著為你好的理由，來過分控制你，也確實很讓人煩惱。這要怎麼辦呢？我前幾天遇到一個大學生，和我聊到他的父母，他和父母的關係也存在一些問題，他說自己非常痛苦，曾經想過自殺，但後來，他慢慢學會了如何和父母相處，就是僅僅保留親情，其他關於工作、感情、政治，一律不談，父母說什麼，都點頭說是。然後，他一心努力學習，兼職賺錢，讓自己盡快考上國外的研究所，從而可以離開父母，獨立生活。他說，他越來越明白，自己不可能改變父母的想法和活法，也不可能改變和他們的血緣關係，那麼，就保留這一點血緣上的親情，各自生活在各自的世界，各自歡喜，這樣也蠻好的。我不知道這個大學生的做法對你有沒有參考，但我覺得，至少這個大學生把父母造成的困擾和傷害，轉化成了一種讓自己盡快成長，變得獨立強大的動力。他不再把心思放在父母身上，而是放在自己的成長上。

前幾天，我遇到一個三十多歲的朋友。她說由於在童年時代和少年時代，父母經常吵架，對她的傷害很深，考大學時，她毫不猶豫地報考了很遠的大學，畢業以後也去了離家很遠的地方工作。有許多年她幾乎不和自己的父母說話。但現在她長大了，這幾年，她突然發現以往經常吵架的父母，居然變得很恩愛。而自己和他們的關係，在歲月裡也變得柔和起來。之後，隨著她自己戀愛、結婚、生子，好像也能理解當年父母遇到的問題。

**做父母，做子女，都不容易。但不論怎麼樣，我們和父母之間是一種緣分，一方面我們要珍惜，另一方面要放下。**

# Q18：我不知道自己該不該堅持？

費勇老師：

您好！

還有十幾天就要參加博士考試了，但我覺得好累，這逼得自己難受，但畢竟準備了這麼久，放棄又不甘心。可是我最近的狀態，以及自己心底的聲音都在告訴我，我不想再搞研究了。我不知道自己該不該堅持，其實讀博士只是我的一個執念，我內心對此並沒有那麼熱愛。請問我應該怎麼抉擇呢？謝謝。

【答】

你自己心底的聲音是不想再搞研究了，也知道讀博士只是自己的一個執念。其實，你已經有答案了。你需要的不是我幫你選擇，因為你已經有選擇了，你需要的只是跨出去的勇氣。因為不知道你的具體情況，不知道你為什麼會有讀博士這樣的執念，這樣的執念讓你覺得自己必須去讀博士，如果不讀博士，你會很手足無措，但即使不讀博士，其實還有無數的選擇。只是你的環境以及你受到的各種影響，讓你很害怕，覺得不讀博士會有很嚴重的後果。

如果你的內心對讀博士這件事並沒有熱愛，那麼，應該毫不猶豫地選擇放棄。

# Q19：朋友和我的價值觀越來越遠，怎麼辦？

費勇老師：

您好！

我有兩個關係很好的摯友，以下我用A和B來分別稱呼她們。我們之間的友情從學生時代開始，到現在已經維持十多年了。最近，A和B一起做副業，之後因為利益問題，A過河拆橋，損害了B的利益，但是B沒有計較，只是偷偷哭了幾次就原諒了A。經過這件事情，我發現現在很多人都在以「愛自己」作為口號，做著一些自私自利或者損人利己的事情。這件事讓我對人性感到悲涼。對於A這幾年的思想和性格，我不是很認可，我感覺她太唯利是圖。但是我們一起經歷了很多事情，感情很深厚。請費老師幫我分析一下，我該如何繼續和她相處？我要如何改變自己，才能從這種混濁中解脫出來呢？

## 【答】

關於這個問題，我覺得孔子和朋友的相處之道，也許會對你有所啟發。孔子和朋友的相處之道，主要有兩點。一個是談交友的原則：益者三友，損者三友。友直，友諒，友多聞，益矣。友便辟，友善柔，友便佞，損矣。這句話的意思是，有益和有害的朋友各有三種，結交正直、誠信、知識廣博的朋友，是有益的；結交諂媚逢迎、表面奉承背後誹謗、善於花言巧語的人，是有害的。君子之交淡如水。再好的朋友之間，都要有邊界感，不要把自己的價值觀強加給別人。即使彼此價值觀不一樣，還是會有友情。但不一定要一起做生意。看到朋友有不對的地方，善意地勸告一下，如果他不聽也就算了，不要自取其辱。看到朋友的行為不符合自己的價值觀，如果不是原則性的重大問題，要寬容。孔子有一位老朋友的母親去世了，孔子和學生去參加葬禮，他的老朋友卻在棺材旁唱歌，孔子的學生說：老師，這個人太無禮了，不應該和他做朋友。孔子的回答是：他是我的老朋友，就算他一時無禮，我還是把他當老朋友。

另一個原則，君子絕交，不出惡聲。人與人之間，緣分很不容易，我們一生遇到的人沒有多少，能夠有交集的更少，能夠做同學或朋友的，少之又少。所以，我們對於朋友沒有必要苛求，即使覺得彼此合不來了，也可以好聚好散，畢竟曾經還是有一份友情，彼此見證過對方成長的歲月，所以，還是要有一顆珍惜的心。

這是孔子和朋友的相處之道，也許會對你有所啟發。你並不需要改變自己，也沒有必要去改變朋友，但也許要從「朋友」的執念中解脫出來。什麼是「朋友」的執念呢？就是心裡存在一個執念，覺得他是我的朋友就應該怎麼樣，我是他的朋友就應該怎麼樣。這種執念會把自己弄得比較辛苦。假如價值觀越來越遠，但感情還很深厚，那麼，就做君子之交淡如水的朋友，避免一起去做會引起衝突的事情。

最後，我送一句莊子的話給你：「相濡以沫，不如相忘於江湖。」

# Q20：如何面對親人的絕症？

費勇老師：

您好！

我伯父今日確診癌症，目前癌細胞已經轉移到肝和淋巴結，在化療和不化療這個問題上，我們一家人很糾結。伯父暫時還不知道他的病情，精神依舊很好。現在做化療的話，他雖然暫時不知道自己的病情，但總有一天他會知道。我很擔心他知道實情之後心理上無法承受，而且化療會對身體造成一定的影響。我現在心裡很難過，很怕伯父會離開我們。我應該告訴伯父實情，請他選擇做化療嗎？

## 【答】

關於親人患了絕症，該不該告訴他實情，該不該做化療，這幾個問題都不是我能回答的。記得我小時候，普遍的做法是不告訴患者，但後來醫院普遍的做法是告訴患者本人，因為一旦開始治療就很難隱瞞。所以，最終必須患者自己面對事實。在傳統文化中，談論死亡是一種禁忌，所以，我們常常探討如何活，很少思考如何死。事實上，我們想要活得更健康、更有意義，也應該去修習死亡這門課。

我很願意和你討論如何幫助自己的親人或朋友面對死亡，甚至如何幫助其他人面對死亡這個問題。二〇一五年，經濟學人智庫（Economist Intelligence Unit）在對全球八十個國家和地區進行「死亡品質」指數調查後，發布了《二〇一五年度死亡品質指數》報告。「死亡品質」指數涵蓋了五個維度的評價，分別是緩和療護與醫療環境、人力資源、醫療護理的可負擔程度、護理品質，以及公眾參與水準。

那麼，如何提高死亡品質呢？這要依靠安寧療護（hospice care）。這些年，這個詞受到越來越多人認可。這並非是一種療法，而是專注於讓患者善終，盡可能幫助患者在去世前減輕疼痛，盡可能不要過度地進行醫療干預，讓病人自然而然地、有尊嚴地去世。

一九六七年，英國護士桑德斯（Cicely Saunders）創辦了世界著名的安寧療護機構聖克里斯多夫安寧院（ST. Christopher's Hospice），使垂危病人在人生旅途的最後一程得到需要的滿足和舒適的照顧，這個行動點燃了安寧療護運動的燈塔。

安寧療護的意義，在我看來是指向身心層面的，就是在身心層面盡可能減少當事人的痛苦，盡可能舒緩對於死亡的恐懼和焦慮。這個主要是針對過度治療，不可逆轉的絕症，為了延緩幾個月甚至幾天的生命，就動用醫療手段，有時只是讓病人痛苦不堪。當然，安寧療護和安樂死完全不同，安寧療護只是排除過度治療，還有就是多陪伴病人，幫助病人去完成遺願清單。這個是身心層面的。

# 跋：用心生活

這本書圍繞五個領域，探討了哪些是人生的關鍵問題。

人的一生，每時每刻，無非在做兩件事，一是想，我們的頭腦總是想著什麼；二是做，我們的身體，總是在做著什麼。由此引申出人生的四個基本問題：想什麼？怎麼想？做什麼？怎麼做？這四個問題彼此關聯，造就了我們的一生。

人的一生，每時每刻，總是在五個領域裡，第一個是現實領域，這個領域裡的一切，是我們所能看得見的：學習、工作、婚姻、財富、時代、善惡、死亡。第二個是願望領域，這裡的一切是看不見的，我們渴望快樂、自由、成功，還有愛。這些東西雖然看不見，但它們都很強大，在現實的幕後。第三個是思維領域，這裡的一切我們都看不見，但它們更加強大，因果、事實、解決、取捨、破圈，這些因素決定著我們如何進行決策。第四個是心理領域，這個領域裡的東西我們都看不見，但它們更加深刻、更加強大：感覺、欲望、目標、情緒、意義、天理。我們在現實裡的一切個人活動，都可以說是心理的投射。第五個是動力領域，這個領域中有看得見的，也有看不見的，它們更加深邃，更加具有決定性的強大力量，視覺、聽覺、嗅覺、味覺、觸覺、意識、自我、超覺，整個宇宙和世界的一切，都是這個動力系統的投射。

這五個領域相互關聯，有某種遞進的關係和因果關係，但並不絕對，區分為五個領域，也可以理解為五個切入點，從每一個切入點，都可以領悟人生的全部。但人生的全部，歸根究柢，還是要體現在日常生活裡，還是要面對生活，回到生活，用心生活。理論是枯燥的，但生活之樹常青。

作家阿城的小說《孩子王》裡寫過這樣一段話：「學了很多字卻不知生活是什

麼？什麼是生活呢？就是活著，活著就得吃，就得喝，所以，這個『活』字，左邊是三點水，右邊是個舌頭。」生活，就是活著，就是吃喝，就是平常心，就是用心生活。

奥斯卡．王爾德（Oscar Wilde）說：「生活是世界上最罕見的事，大多數人只是生存而已。」他的意思是大多數人沒有活出自己的樣子，所以，他們過的不叫生活。真正的生活，是經過了自己選擇的生活，就像赫曼．赫塞說的：「對每個人而言，真正的職責只有一個：找到自我。」也就是說，在每個選擇中找到通往自己的道路，這樣才算真正活過。

問題在於，無論多麼高大的、真正的自我，都不是懸空的。我們每天面對的，都是吃飯睡覺，養家活口，無法置身事外。所以，真正的自我，之所以具有力量，是因為它是以日常形式體現出來的。它是陽臺上你種的一朵花；是廚房裡你設計的一道食譜；是戶外散步時你走路的姿態；是街道上和陌生人相遇時你的表情；是辦公室裡處理文件時你的心如止水；是朋友聚會時你的喜悅，是告別時你的感傷；是你在瓶子裡放進了一張發黃的紙；是讀書時你寫的讀書筆記……也就是說，**我們在找到通往自己的道路上創造了自己的日常，這樣才算眞正活過。**

**生活就是選擇，就是在選擇中找到通往自己的道路，在通往自己的道路中創造自己的日常。所以，生活卽選擇，生活卽找到自我，生活卽日常，生活卽審美。簡單地說，生活就是我來到了這個世界，就以自己的方式用心完成這一段旅程。**但這一段旅程的每一天，都離不開吃吃喝喝，離不開瑣瑣碎碎，離不開磕磕碰碰。好像回到了一個原點，生活不過就是活著，不過就是吃吃喝喝，不過就是瑣瑣碎碎，不過就是磕磕碰碰。

世事無常，唯有用心做事。

前路茫茫，唯有用心走路。

人生短暫，唯有用心生活。

# 參考書目

1. 史蒂芬．平克：《心智探奇》（*How the Mind Works*，郝耀偉 譯，浙江人民出版社，2016年）

2. M．斯科特．派克：《少有人走的路：心智成熟的旅程》（*The Road Less Traveled*，于海生、嚴冬冬 譯，北京聯合出版公司，2022年）

3. 尤瓦爾．赫拉利：《今日簡史》（*21 Lessons for the 21st Century*，林俊宏 譯，中信出版集團，2018年）。繁體版為《21世紀的21堂課》，天下文化。

4. 裘蒂亞．珀爾、達納．麥肯齊：《為什麼：關於因果關係的新科學》（*The Book of Why: The New Science of Cause and Effect*，江生、于華 譯，中信出版集團，

2019年）。繁體版為《因果革命：人工智慧的大未來》，行路。

5. 路易士．波伊曼、詹姆斯．菲澤：《給善惡一個答案：身邊的倫理學》（*Ethics: Discovering Right and Wrong*，王江偉 譯，中信出版集團，2017年）

6. 凱文．凱利：《5000天後的世界》（*The Next 5000 Days*，潘小多 譯，中信出版集團，2023年）。繁體版為《5000天後的世界》，貓頭鷹。

7. 尼爾．布朗、斯圖爾特．基利：《學會提問》（*Asking the Right Questions: A Guide to Critical Thinking*，許蔚翰、吳禮敬 譯，機械工業出版社，2022年）。繁體版為《思辨，從問對問題開始》，商業周刊。

8. 丹尼爾．丹尼特：《意識的解釋》（*Consciousness Explained*，蘇德超、李滌非、陳虎平 譯，中信出版社，2022年）

9. 貢華南：《味覺思想》（生活．讀書．新知三聯書店，2018年）

10. 瑞．達利歐：《原則》（*Principles: Life and Work*，劉波 譯，中信出版集團，2019

年）。繁體版為《原則：生活和工作》，商業周刊。

11. 霍金：《十問：霍金沉思錄》（*Brief Answers to the Big Questions*，吳忠超 譯，湖南科學技術出版社，2019年）。繁體版為《霍金大見解：留給世人的十個大哉問與解答》，天下文化。

12. 愛德華．L．德西、里查德．弗拉斯特：《內在動機》（*Why We Do What We Do: Understanding Self-Motivation*，王正林 譯，機械工業出版社，2021年）

13. 芭芭拉．奧克莉在：《學習之道》（*A Mind for Numbers: How to Excel at Math and Science (Even If You Flunked Algebra)*，教育無邊界字幕組 譯，機械工業出版社，2016年）。繁體版為《大腦喜歡這樣學》，木馬文化。

14. 羅伯特．所羅門、凱思林．希金斯：《大問題：簡明哲學導論》（*The Big Questions: A Short Introduction to Philosophy*，張卜天 譯，廣西師範大學出版社，2015年）

15. 埃里克・喬根森：《納瓦爾寶典》（*The Almanack of Naval Ravikant: A Guide to Wealth and Happiness*，趙燦 譯，中信出版集團，2022 年）。繁體版為《納瓦爾寶典》，天下雜誌。

16. 羅素：《幸福之路》（*The Conquest of Happiness*，劉勃 譯，華夏出版社，2022 年）。繁體版為《幸福之路》，五南。

17. 艾里希・弗羅姆：《愛的藝術》（*The Art of Loving*，劉福堂 譯，上海譯文出版社，2022 年）。繁體版為《愛的藝術》，木馬文化。

18. 維克多・E・弗蘭克：《活出生命的意義》（*Man's Search for Meaning*，呂娜 譯，華夏出版社，2021 年）。繁體版為《向生命說 Yes：弗蘭克從集中營歷劫到意義治療的誕生》，啟示。

高寶書版集團
gobooks.com.tw

BK 082
**關於人生，我們需要思考的是……：**
**自我提問的刻意練習，活出人生最好的狀態**

作　　者　費　勇
編　　輯　林子鈺
封面設計　林政嘉
內頁排版　賴姵均
企　　劃　陳玟璇
版　　權　張莎凌

發 行 人　朱凱蕾
出　　版　英屬維京群島商高寶國際有限公司台灣分公司
　　　　　Global Group Holdings, Ltd.
地　　址　台北市內湖區洲子街88號3樓
網　　址　gobooks.com.tw
電　　話　(02) 27992788
電　　郵　readers@gobooks.com.tw（讀者服務部）
傳　　真　出版部(02) 27990909　行銷部 (02) 27993088
郵政劃撥　19394552
戶　　名　英屬維京群島商高寶國際有限公司台灣分公司
發　　行　英屬維京群島商高寶國際有限公司台灣分公司
法律顧問　永然聯合法律事務所
初版日期　2025年04月

原書名：心的解惑
本作品的中文簡體版由江蘇鳳凰文藝出版社出版。本作品的中文繁體版通過著作權人費勇授予英屬維京群島高寶國際有限公司臺灣分公司獨家出版發行，非經書面同意，不得以任何形式，任意重製轉載。

國家圖書館出版品預行編目(CIP)資料

關於人生,我們需要思考的是……：自我提問的刻意練習,活出人生最好的狀態/費勇著. -- 初版. -- 臺北市：英屬維京群島商高寶國際有限公司臺灣分公司, 2025.04
　冊；　公分. --

原簡體版題名：心的解惑

ISBN 978-626-402-249-1(平裝)

1.CST: 自我肯定　2.CST: 自我實現　3.CST: 生活指導

177.2　　　114004654

GOBOOKS & SITAK GROUP©